Uwe Pordzik

Wundervoll

es vedra edition

ISBN 3-936101-00-0

Originalausgabe

Coverentwurf und Fotografie:
Holger Gensberger

Covergestaltung:
Silke Ascherfeld

Lektorat und Gestaltung:
Sabà Kulmac und Gabriele Herrendorf

Druck: videel OHG, Niebüll

Kontaktanschrift:
Es Vedra Edition, Baldurstr. 22, 40549 Düsseldorf.

Meiner Liebe Sabà.

Wundervoll, der uns zusammengeführt hat.

Meiner Mutter, die ihm ein wenig dabei zur Hand ging.

Wundervoll ist ein Land auf dieser Welt.
Es ist das Land, in dem Du lebst.

Wundervoll ist auch ein Leben.
Das Leben eines Wesens, das in diesem Lande lebt.
Es ist Dein Leben!

Wundervoll ist auch ein Wort.
Es ist das Wort, das Du gerade liest:

WUNDERVOLL!

Inhalt

Wundervoll

Als ich eines Abends heimkehrte, saß er einfach da. In meinem blauen Ledersessel im Wintergarten, in dem *ich* immer meine Zigaretten zu rauchen pflegte, nach einem langen Tag, in blauen Dunst und die Magie eines Buches eingehüllt, um dann sanft vom Rauch in mein Bett und von den Geschichten in meine Träume begleitet zu werden, nicht ohne zuvor noch das eine oder andere Glas eines guten italienischen Rotweines mit mir getrunken zu haben.

Wundervoll ist ein freundlicher alter Herr mit Bart.

Ich weiß nicht, wie Sie dazu kommen, sich vorzustellen, daß Wundervoll ein langes, weißes Gewand anhabe, aber Sie haben recht. Die Beantwortung der Frage "Sandalen oder barfuß?" überlasse ich Ihnen, aber barfuß war er nicht, soviel sei gesagt.

Da saß er nun: Plötzlich und unerwartet - in *meinem* blauen Sessel. Meine wortlos gestellte Frage beantwortete er mit:

"Gestatten: Wundervoll!", einem verschmitzten Grinsen und einem schelmischen Blitzen aus seinen samtig glänzenden Augen.

Warum müssen einem solche Dinge immer dann geschehen, wenn man am Boden zerschmettert ist? Warum geschieht einem so etwas nicht, wenn die Welt sich wie von selbst zu drehen scheint, und das auch noch fast nur um dich. Wenn man gerade beginnt, sich seiner Erfolge zu freuen, auf denen das stolze Glück beruht...

"... ebenso wie das Glück der Spatzen auf dem Mist, und es dauert ja nie zu lange!" knarzte es aus meiner Sesselecke.

Hoppla! Ich hatte doch nicht gesprochen, nur gedacht!

"Und eben deshalb bin ich hier: Dort oben, auf den Wipfeln, da ist die Welt so wundervoll, du würdest meiner nicht gewahr, selbst, wenn ich mich dir zeigte. Dort unten aber, wo du dich gerade wähnst - setz dich, übrigens -, da bedarf es einem wie mich, der dich daran erinnert, daß die Welt noch genauso wundervoll ist, wie sie es gestern war. Und vorgestern. Und vorvorgestern."

Inzwischen hatte ich auf dem dunkelblau und weinrot gemusterten Perserteppich vor ihm Platz genommen, da der blaue Ledersessel die einzige Sitzgelegenheit in meinem Wintergarten war. Ich wußte gar nicht, wo ich mit dem Staunen anfangen sollte, begann mich jedoch gleichzeitig in die seltsame Situation einzufinden.

Eigentlich konnte mich gerade sowieso nichts mehr erschüttern, auch kein Wundervoll.

Ich hatte in wenigen Wochen so ziemlich alles verloren, was ein Mann meines Alters - ich war gerade siebenunddreißig geworden - verlieren kann, sofern er es denn je erworben hat.

Vor knapp zwei Jahren war ich mit meinem Mädchen in diese Stadt gezogen, die mich schon lange magisch rief - ich kann es ja verraten: Es handelt sich hierbei um Hamburg.

Wir zogen in ein wunderschönes Haus, weiß und sonnenblumengelb und himmelblau und licht. Der regelmäßigen Einkünfte aus meiner kleinen Softwarevertriebsfirma wohl gewiß, gründete ich flugs zwei, drei weitere Firmen, verwaltete meiner und anderer Leute Gelder mit glücklicher Hand an der Börse und war des Lebens froh, während die Liebe zu meinem Mädchen wuchs und gedieh.

Alles, alles schien mir zu gelingen, und die Wünsche schlugen Purzelbäume im Sich-mir-Erfüllen.

Meine Geschäfte führten mich bald nach Barcelona, bald nach London und ließen mir dennoch Zeit, den Flugschein zu machen, einen Jaguar zu kaufen und mir ein weißes Lackklavier auf meine Galerie zu stellen, nicht ohne den erforderlichen Unterricht zu buchen und auch regelmäßig zu besuchen.

Kaum hatte ich einen Wunsch zu Ende gedacht, so war er auch schon Wirklichkeit geworden, draußen, in der realen Welt, beinahe so, als hätte ich eine Wunscherfüllungsmaschine im Kopf eingebaut.

"Ja, du hast es richtig erkannt. Es ist in der Tat eine Art Wunscherfüllungsmechanismus. Deine Gedanken drängen förmlich danach, in die Welt hineingeboren zu werden, und ich habe manches Mal alle Hände voll zu tun, daß nicht *alle* greifbar werden..."

"Ach, wie toll! Und warum ist dann mein Mädchen weg? Mein Vermögen an der Börse wie eine Seifenblase zerplatzt? Habe ich mir das etwa auch gewünscht?"

"Nein, aber befürchtet. Und das ist nahezu dasselbe." Er strahlte dabei wie ein Honigkuchenpferd. Als er mein fragendes Gesicht bemerkte, fügte er hinzu:

"Es gibt genügend Beispiele in deinem Leben. Blättere nur in deinem Bilderbuch! Weißt du denn nicht mehr, die Geschichte mit deinem Ziel- und Wunschkalender? Die hat selbst *mich* einige Mühe gekostet!"

Ach ja, der Ziel- und Wunschkalender! Das war in der Tat eine merkwürdige Geschichte...

Der Ziel- und Wunschkalender

Um meine Ziele stets vor Augen zu haben, hatte ich eine Collage aus bunten Bildern zusammengestellt, für jeden Wunsch ein Kalenderblatt. Für das Thema "Freizeit und Erotik", das dann die meiste Zeit aufgeschlagen war, hatte ich neben der obligatorischen Palmeninsel aus irgendeinem Playboy eine barbusige Superblondine ausgeschnitten.

Einmal, auf einer Party, gegen spät am Kamin, da waren nur ich und Sandra, eine ebensolche Superblondine, übriggeblieben. Wir waren in ein interessantes Gespräch vertieft, und ich hatte wirklich keinen Gedanken daran verschwendet, ob und wie ich sie ins Bett kriegen könnte, obwohl sie in ihrem kurzen, schwarzen Paillettenkleid wirklich zum Anbeißen aussah.

"Ja", knarzte es aus der blauen Sesselecke, "da hatte ich wirklich allerhand zu tun, bei dieser Wunscherfüllung!"

Denn plötzlich nämlich stand, marionettenhaft und doch grazil, jene Sandra auf, stöckelte auf mich zu wie von fremder Hand geleitet, legte sich quer über meinen Schoß und sagte, während sie die Arme um meinen Hals schlang:

"Ich konnte jetzt noch zu dir laufen, mich in deine Arme legen... aber den Rest mußt du schon selbst besorgen!"

Nun, eine wunderschöne Geschichte - in welcher wir uns an dieser Stelle diskret ausblenden - die jedoch sicher längst in Vergessenheit geraten wäre, hätte sie nicht bald eine bemerkenswerte Fortsetzung erfahren.

Eines Tages nämlich besuchte mich in meinem Büro Domian Miller, ein Geschäftsmann und echter Glücksritter, einer jener

Sorte, die immer irgendwie ganz knapp vor der ersten Million stehen - bei ihm waren es sogar Milliarden, wenn ich mich recht erinnere - aber eben doch immer nur ganz knapp davor. Als sein Blick meinen Ziel- und Wunschkalender streifte, das besagte Bild, da hoben sich seine Augenbrauen, und er rief, halb erstaunt, halb erfreut aus:

"Ach, du kennst meine Nichte, die Sandra? Na ja, kein Wunder, sie war ja schließlich Playmate des Jahres..."

Kein Wunder, sagte er?! Jetzt erst fiel mir auf, daß sie in der Tat den gleichen Nachnamen trug. Ich betrachtete das Bild nun ganz genau: Ja, es war *die* Sandra, die Sandra jener Nacht... und dadurch wird diese wunderschöne Geschichte wundervoll.

Dieser zappelte in seiner Ecke wie ein dreijähriges Kind kurz vor Heiligabend und strahlte dabei, nun wie *zwei* Honigkuchenpferde.

"Na ja", sagte er bescheiden, "Wunder dauern eben etwas länger!"

Eben.

Fragen über Fragen

Manchmal, da ist es einem, als sei man eben aus einem Traum erwacht. Man ist noch nicht recht hier, nicht mehr recht dort und sich nicht sicher, was denn nun Wirklichkeit ist, und was geträumt.

So erging es mir am nächsten Morgen. Nun hatte sich bereits eine gewisse Neugier meiner bemächtigt, die nicht ohne Fragen blieb, und während die Maschine meinen Morgenkaffee langsam in die Kanne krächzte, saß ich bereits im blauen Sessel und rauchte die erste Zigarette.

Die frühe Sonne schickte ihre satten Strahlen durch das kräftige, frische Blau des Vormittagshimmels direkt in den Wintergarten hinein, wodurch allerlei Farbenspiele, durch Spiegel und bunte Gläser angeregt, in Regenbogenfarben über Wand und Boden flirrten wie bunte Kolibris. Es war dieselbe Sonne, von der ich mir vor kurzer Zeit noch gewünscht hatte, sie möge nie mehr aufgehen, während ich die Decke über meinen Kopf gezogen hielt. Doch irgendwann, da war der Schlaf einfach aufgebraucht und die Sonne wieder da, so wie jeden Tag.

Heute weiß ich auch, warum Wundervoll die Realisierung dieses Wunsches verhindert hatte. Es wäre ziemlich unfair den anderen Milliarden Menschen und Lebewesen gegenüber gewesen, wenn die Sonne plötzlich verschwunden geblieben wäre, nur weil ich düsteren Gemüts für kurze Zeit glaubte, der Welt den Rücken kehren zu müssen.

Da mir ziemlich klar war, daß ich Wundervoll tagsüber nicht zu sehen bekäme, ging ich zum Tagesgeschäft über, begann mich dabei bereits auf den Abend zu freuen und auf das erhoffte Gespräch mit Wundervoll.

Nun, der Abend kam, und ich hatte bereits erwartungsvoll im Wintergarten auf dem Teppich Platz genommen. Den blauen Ledersessel hatte ich für meinen Gast gleich freigelassen.

Ich war wohl kurz eingenickt, als meine Aufmerksamkeit durch einen Lufthauch, eine leise Bewegung auf den blauen Sessel gelenkt wurde.

Aus den Augenwinkeln sah ich Wundervoll bereits im Sessel sitzen. Um sein Haupt und seinen Leib schienen gerade noch, ähnlich wie bei Wunderkerzen, Silbersternchen zu verglühen.

"Na, wie war dein Tag? Du hast dir doch hoffentlich einige Gedanken gemacht?"

"Ja, ich habe eine Reihe von Fragen, und ich weiß fast nicht, wo ich anfangen soll."

"Fragen? Ich hatte gehofft, daß du bereits selbst einige Antworten gefunden hättest. Und nun, statt dessen: Noch mehr Fragen? Wo soll dies hinführen?"

"Ich, äh... ich weiß nicht... ich, ich... ich dachte..."

"Na, ja, du dachtest immerhin - das ist gut. Aber du solltest bald lernen, daß dein Denken auch zu Antworten führt. Natürlich werfen neue Erkenntnisse stets auch wieder neue Fragen auf, und zwar im selben Verhältnis, wie die Oberfläche einer Kugel mit ihrem Radius wächst. Es gibt hierfür tatsächlich eine mathematische Formel. Der Radius ist das Wissen, die Kugeloberfläche steht für die zusätzlichen Fragen, die das neu gewonnene Wissen aufwirft. Somit ist die Formel für das Anwachsen deiner Fragen im Verhältnis zu deinem neu erworbenen Wissen seit gestern also:

$F_{neu} = 2pi\ r^2 - 2pi\ r^2_{alt}$, wobei (r_{alt}) der Radius deiner gestrigen Wissenskugel war. Faszinierend, nicht war?"

"Äh - ja."

"Siehst du, und deshalb war mir von Anfang an klar, daß du heute mit einer Reihe neuer Fragen aufwarten würdest. Vorausgesetzt, deine Erkenntnisse sind seit gestern ein wenig angewachsen. In welchem Maße, das kann ich dir sagen, sobald ich die Größe der Oberfläche deiner neuen Fragenkugel kenne. Ich brauche diese sodann nur um pi zu kürzen und die Quadratwurzel zu ermitteln. Die Differenz zu deinem gestrigen Wissensradius, den ich auf dieselbe Weise ermittle, ergibt dann deinen Erfahrungszuwachs in Zentimetern. Toll, oder?"

"Äh - ja."

"Also, was sind nun deine Fragen?"

"Ich - ich ... hab's vergessen."

Es folgte eine peinliche Stille.

"Es ist doch immer wieder dasselbe", seufzte Wundervoll in diese Stille hinein, bevor die Peinlichkeit ins Unermeßliche anschwoll, "nun, so will ich dich heute an eine Begebenheit nicht aus deinem, sondern aus dem Leben deines Freundes Amin erinnern. Kannst du dir denken, was jetzt kommt?"

Amin, mein teurer und lieber Freund, ein Perser aus dem Morgenlande, von Sternzeichen Löwe wie ich - ja, Amin, mit ihm hatte ich schon einige Geschichten erlebt, und alle waren sie erzählenswert. Vor zehn Jahren nach Deutschland gekommen um zu studieren, war er in Berlin gewesen, in Heidelberg, Konstanz, Stuttgart... er kannte Deutschland besser als manch ein Deutscher. Oftmals saßen wir abends einfach da, vor loderndem Kaminfeuer, und die Geschichten flossen wie der Wein und der Gin. Eigentlich waren sie alle wundervoll...

"Welche Begebenheit meinst du denn?" Ich sah Wundervoll gespannten Blickes an.

"Nun, ihr wart doch beide bei der Luftwaffe, zur selben Zeit. Das ist jetzt knapp 20 Jahre her. Der eine in Deutschland, der andere im Iran. Nur, daß es im Iran damals etwas anderes bedeutete, bei der Luftwaffe zu sein, denn es war Krieg. Hat dir denn Amin nie von dem Kaktus erzählt? Falls nicht, so solltest du ihn unbedingt danach fragen."

Ach ja, die Sache in der Wüste. Das war in der Tat eine seltsame Geschichte.

Kaktus und Kumuluskopf

An einem jener Kaminabende träumten wir in die orangefarbenen Flammen eines knackenden Feuers mit Lagerfeuerausmaßen hinein, und Amin begann zu erzählen:

"Ich war lange Zeit bei der Luftabwehr. Hab da auch ein bißchen die Kampfflugzeuge beschossen. Eines Tages kam so ein General auf mich zu und fragte, ob ich einen Führerschein hätte.

"Wieso?"

"Ja, haben Sie oder haben Sie nicht?"

"Na, klar."

"Also gut, dann sind Sie ab sofort für Krankentransporte eingeteilt. Mit Jeep von der Front bis große Stadt Ach-Was."

Da der Job gewisse Privilegien mit sich brachte, war ich dabei. Eines Tages fuhr ich mit meinem Krankenjeep wieder einmal eine Fuhre Halbtoter und Verletzter von der Front nach Ach-Was. Mit dabei waren ein Soldat und ein verantwortlicher Sergeant, die beide unverletzt waren, jedoch in Urlaub wollten. Es war Mittag, und zu dieser Zeit - ein Europäer kann sich das wohl kaum vorstellen - 40 bis 50 Grad heiß. Dies war auch der Grund, warum ich besonders viel Wasser getrunken hatte.

Mitten auf der Strecke verspürte ich einen unbändigen Drang zu pinkeln. Ich hielt einfach an, parkte den Jeep mitten in der Fahrspur - von einer Strasse konnte hier nicht die Rede sein - jedoch pinkelte ich nicht einfach vor aller Augen in den Sand, sondern steuerte schnurstracks auf einen Kaktus zu, der ein paar -zig Meter entfernt einsam in der Wüste stand.

Plötzlich, geräuschlos, tauchten wie zwei Blitze aus heiterem Himmel zwei "Schwarze Raben" auf, zwei Kampfflugzeuge, und in einer Sekunde, eine ohrenbetäubende Explosionssalve später, war der Jeep nebst Inhalt einfach - atomisiert. Weg! Das Einzige, das ich noch vorfand, war ein zerfetzter Reifen. Diesen schulterte ich, ein mahnendes Maskottchen, und legte den Rest des Weges zu Fuß zurück. Der Reifenfetzen hängt noch heute in meinem Zimmer.

Ich mußte pinkeln - Gott sei Dank!"

Zufall? Fügung? Wie auch immer - spannend war die Geschichte allemal. Aber während hier diese Frage noch offen blieb, so gab es doch ein Ereignis ähnlicher Natur, aus der Zeit, da wir uns schon kannten, welches sich nicht so einfach als Zufall abtun ließ.

"Weißt du noch, als ich einmal über zwei Stunden zu spät zu dir kam, wegen dieser Wolke...?"

Und während unser "Lagerfeuer", nachdem wir noch einmal ordentlich Holz aufgeschichtet hatten, munter weiter prasselte, erinnerten wir uns.

Amin stand damals, als ich noch in Stuttgart wohnte, bleich wie ein Bettlaken vor meiner Tür. Kaum war er drinnen, da berichtete er auch schon:

"Uwe, stell' dir vor, ich fahre auf der Autobahn von mir zu dir. Schon beim Losfahren war es ein genialer Tag, sonnig, blauer Himmel, kein Wölkchen daran. Die Bahn war frei, nicht nur, daß es keinen Stau gab, nein, beinahe war ich der Einzige, der unterwegs war, und so konnte ich aus meinem alten Studenten-Golf - damals noch mit Auspuff - so ziemlich alles herausholen, was in ihm steckte. Vor mir bemerkte ich eine Kumulus-Wolke, die war groß und sah aus wie ein überdimensionaler Kopf, ganz deutlich, und dieser schien zu mir zu sprechen. Irgendwie hörte ich die Stimme in meinem Inneren:

"Langsamer! Langsamer!"

Wie hypnotisiert mußte ich gehorchen, während der Kumulus-Kopf beinahe körperhaft wurde. Uwe, du weißt, ich bin ein schneller Fahrer, und doch fuhr ich rechts auf die Standspur und dort mit 60 km/h vor mich hin und dies, obwohl ich jetzt der einzige Fahrer auf der ganzen Strecke war.

Plötzlich vernahm ich einen Knall, wie eine Bombe. Es war schwierig, den Wagen in der Spur zu halten, und als ich stinkend und krachend schließlich zum Stehen kam, da bemerkte ich beim Aussteigen die Reste meines linken Vorderreifens. Wie die Schalen einer Banane hingen sie um meine Felge.

Uwe, und jetzt kommt es. Als ich mir zitternd eine Zigarette ansteckte, schaute ich mich um nach jener Wolke, um mich zu bedanken. Doch so wahr ich hier stehe, Uwe, da war nichts. Nichts zu sehen als blauer Himmel weit und breit..."

Wieder einmal war ein Reifen als "Souvenir" übriggeblieben. Amin zeigte mir diesen, wusch sich die Hände und wir tranken erst einmal einen ordentlichen Gin-Tonic.

Oder zwei.

Ein Unglück kommt selten allein

Aus bunten Träumen aufgewacht, betrachtete ich die vergangene Nacht. Wundervoll war wohl irgendwann verschwunden, nachdem ich eingeschlafen war. Er hatte mir die Geschichten der Vergangenheit derart plastisch und lebendig nahegebracht, daß diese, wie mit einem Eigenleben erfüllt, wohl die ganze Nacht in mir weitergearbeitet hatten.

Manchmal gibt es schon seltsame Begebenheiten im Lebensfluß. Da sollte man kurz innehalten und darüber nachdenken. Manchmal, da scheint man von unabwendbaren Ereignissen ausgenommen zu werden, weil man selbst dafür nicht vorgesehen ist. Man ist zur falschen Zeit am falschen Ort, im falschen Film. Jetzt wirkt irgendeine Kraft, die verhindert, daß man in die Geschehnisse dieses Filmes hineingesogen wird.

So scheint es zumindest. Aber wer oder was ist diese Kraft? Ist es die Summe unserer Ursachen, die wir in diesem Leben gesetzt haben? Sind es irgendwelche durch Nicht-Abbau aufgestauten Energieeinheiten und Denkblasen? Ist es eine übergeordnete Intelligenz? Hier waren wieder tausend Fragen...

Für heute nahm ich mir vor, eine Wundervoll-Pause einzulegen. Abends setzte ich mich in meinen Wagen, fuhr in die Stadt, verdrückte einen Riesenberg Bratkartoffeln und trank drei Bier dazu.

Die Vorzüge des Junggesellenlebens: Man bestellt, man ißt, man zahlt, man geht.

Auf dem Heimweg - im Wallringtunnel - eine glitschige Stelle - Schleudern...

Als ich am nächsten Morgen aufwachte, war alles brutale Realität. Der Wagen war weg, der Führerschein auch. Und damit automatisch auch der Flugschein. Oh, Wundervoll! Wenn ich dich erwische!!!

Manchmal wird man von irgendwelchen seltsamen Kräften in den *falschen* Film hineingestopft.

Ich hatte jetzt wirklich nichts mehr zu verlieren, und eigentlich war ich in keinem Moment meines Lebens freier als zu diesem Zeitpunkt. Ich hätte jede Entscheidung treffen können, von heute auf morgen auswandern, in den sonnigen Süden oder in die Gosse Hamburgs. Aussteigen? Oder weitermachen? Ich war frei. Nichts, das mich noch hielt. Niemand, dem ich Rechenschaft schuldete. Die eine Zukunft so gut wie die andere.

Jetzt verstand ich endlich, was Janis Joplin in ihrem Song meinte, wenn sie sang: ...freedom is just another word for nothing left to loose...

Nie mehr im Leben war ich so frei wie an jenem Tag. Das sah ich da aber noch nicht so. Mit jedem Schritt, den man dann tut, in welche Richtung auch immer, kommen die Fesseln wieder zurück, eine um die andere. Man ist sich ihrer jetzt nur bewusster.

Es hätte auch ganz anders ausgehen können.

So wie bei Martin und Céline...

Die Geschichte von Martin und Céline

Als ich Céline kennenlernte, war ich noch verheiratet mit Dorinda, einer Portugiesin. Zu dieser Zeit lebte ich in Stuttgart, während Dorinda die meiste Zeit für eine große Reisegesellschaft in der Welt unterwegs war. Es bereitete mir Freude, stets ihren Spuren zu folgen und sie hier und da, wenn es meine Zeit erlaubte, die eine oder andere Woche zu besuchen.

Auf einer dieser Reisen hatte Dorinda Céline kennengelernt. Mit ihrem schwarzen Haar, den grünen Katzenaugen und dem roten Schmollmund schien sie Dorindas Spiegelbild zu sein, und es wurde eine tiefe Freundschaft daraus, eine, die keine Worte brauchte.

So war Céline stets dabei, wenn ich künftig Dorinda traf – sie war für Dorinda wohl so etwas wie für mich Amin, mein teurer Freund aus dem Morgenland geworden.

Eines Tages verliebte Céline sich in einen Mann, der bereit war, gemeinsam mit ihr nach Ibiza zu gehen und dort eine Boutique zu eröffnen.

Nach unserer Scheidung traf Dorinda Martin, einen Geschäftsmann aus meinem Freundeskreis. Gerade mal so alt wie ich, hatte er es bereits zum eigenen Flugzeug und zur Limousine mit Chauffeur gebracht. Erst beutelte mich die Eifersucht, ich beneidete Martin um alles, was er besaß. Doch irgendwann und irgendwie wurden wir schließlich sogar wieder Freunde, nicht zuletzt wegen unseres gemeinsamen Hobbys, der Fliegerei. Martin besaß damals eine Cessna 182, während ich noch weit entfernt vom eigenen Flugschein, geschweige denn dem eigenen Flieger war. Ich freute mich jedes Mal, wenn Martin wieder spontan hereingeschneit kam, um zu fragen:

"Wie wär`s denn mit einem Trip nach Ibiza?"

Wann immer es ging, war ich dabei, manch ein Gewitter haben wir umflogen und viele Abenteuer in der Luft erlebt.

Dann kam Ostern.

Dorinda war gerade in ihrem Heimatland Portugal stationiert, und Martin, der eine neue Maschine testen wollte, eine Cessna mit Push-Pull Propelleranordnung, fragte, ob ich nicht mitfliegen wolle, Dorinda zu besuchen. Natürlich setzte ich alle Hebel in Bewegung, versprach doch dieses zweimotorige Flugzeug mit einem Propeller vorne und einem hinten ein Flugvergnügen der besonderen Art. Außerdem hätte ich gerne einmal Dorinda wieder gesehen. Céline, die gerade auf Ibiza weilte, wäre auch mit dabei.

Es war wie verhext. Genau in diesem Zeitraum lag ein wichtiger Termin, den ich auf Biegen und Brechen nicht verschieben konnte, und so flog Martin allein los. Zunächst nach Ibiza, um dort Céline aufzulesen, und dann weiter nach Faro. Während ich mit einer Träne im Knopfloch an Ostern zuhause saß und wieder einmal dachte, ich hätte die A-Karte gezogen.

Was dann geschah, verstehe ich bis heute nicht, keiner kann es recht verstehen.

Martin und Céline hatten die Feiertage bei Dorinda verbracht und wollten von Faro aus zurückfliegen. Dorinda hatte beide noch zum Flughafen begleitet, beiden einen letzten Kuss auf die Wange gedrückt, den allerletzten.

Keiner weiß, warum Martin, ein erfahrener Pilot mit mehreren hundert Flugstunden im Jahr, den Start nicht einfach abgebrochen hatte. Er hatte sich für die kurze Startbahn entschieden, und als er bemerkte, daß die Strecke zum Starten nicht reichte, bog er einfach links ab auf den Rasen, gab weiter Gas, kam auf einen kleinen, vielleicht einen Meter hohen Hügel, die Cessna hob kurz ab, um sich gleich darauf in den Löschteich zu bohren und samt Céline und Martin zu verbrennen.

... und auf einmal, da sah die A-Karte in meiner Hand ganz, ganz anders aus...

"Warum? Oh, Wundervoll! Warum?"

"Der Schmerz liegt nicht bei denen, die sterben", antwortete er diesmal sanft und ohne Umschweife.

"Der Schmerz liegt bei denen, die bleiben. Dies wird immer Teil des Lebens sein, so wie die Freude auch. Doch ein solcher Schmerz ist immer nur um deiner selbst willen, um den Verlust, den du ertragen mußt. Diejenigen, die gehen, haben es gut und sind selig, um deretwillen mußt du nicht traurig sein. Glaube mir, das ist tatsächlich wahr.

Erinnerst du dich an den Film "Always", den ich dir damals zeig... äh ... den du damals gesehen hast? Dort ging es ebenfalls um einen Piloten, der gestorben war und dessen Geist weiter in den Flugzeugen mitflog und die Piloten lenkte und beeinflußte. Und hast du dich denn damals gar nicht gewundert, daß die Hauptdarstellerin, des Piloten Liebe, im Film "Dorinda" hieß?"

In der Tat! Der Name war ja selten genug!

"Das hat mich wieder einiges an Energie gekostet - diesmal auch in Form von Dollars - denn der Film mußte ja rechtzeitig zum Eintritt des Ereignisses fertig sein, um ihn dir und Dorinda präsentieren zu können. Aber ihr Menschlein kneift wirklich manchmal gar zu sehr die Augen zu, und ich muß wohl wirklich erst ein Flugzeug vom Himmel holen, wenn ich mich schon selbst nicht zeige, damit ihr wenigstens ein *bißchen* wachgerüttelt werdet..."

Ich schrie auf: "Die Sache mit dem Flugzeug - das warst du?"

"Nun ja, ich habe Martin halt gezeigt wie es funktioniert. Kaum hatte er es begriffen, machte es ihm auch schon einen Heidenspaß."

Wieso war mir das nie aufgefallen? Gut, das mit dem Film, das ging ja noch. Aber das Flugzeug!

Martins Flieger stand nämlich damals noch in Stuttgart, war er doch mit einer fremden Maschine geflogen. Er war noch nicht richtig beigesetzt, als die Aufteilung seines Erbes losging. Seine Ex-Frau zog alle Register, um seiner Hinterlassenschaften habhaft zu werden. Dazu gehörte eben auch sein Flugzeug. Um es zu Geld zu machen, sollte es an seinen Heimatstandplatz in Walldürn überführt werden. Sie - ich kenne ihren Namen nicht - engagierte einen erfahrenen Berufspiloten, der die Überführung vornehmen sollte. Eigentlich ein Katzensprung, der jedoch zufällig über Heilbronn führte. Dort, in Bretzfeld, hatte Martin einst gewohnt.

Der Rest war tags darauf in der Zeitung zu lesen:

"*Aus unerfindlichen Gründen stürzte gestern eine Cessna 182 über Heilbronn ab. Maschine: Totalschaden. Pilot: Unversehrt...*"

Was nicht in der Zeitung stand: Der verblüffte Pilot starrte, als die Maschine zum Stehen gekommen war, genau in Martins Schlafzimmerfenster...

Always - nur ein Film? Wie auch immer, der Regisseur war Wundervoll, das wußte ich jetzt.

Dieser saß wieder in seiner Sesselecke und schmauchte ein Pfeifchen. Gedankenverloren trafen sich unsere Blicke in den Rauchringen. Ich hatte wieder so viele Antworten bekommen, ohne auch nur eine Frage gestellt zu haben. Mein Wissensballon schwoll bedenklich an. Ich konzentrierte mich auf seinen Radius, das neu erworbene Wissen, um ihn nicht durch weiteres Fragen zum Platzen zu bringen.

Gedanken sind Kräfte - auch über den Tod hinaus. Aber wenn sie es auch dann noch sind - wie sehr sind sie es erst im richtigen Leben? Ich wagte nicht, daran zu denken...

Ein wenig Elementarphysik

Als ob Wundervoll wieder meine Gedanken gelesen hätte, knarzte er aus der Sesselecke:

"Wird dir nun langsam klar, was Gedanken so alles bewirken? Auch ungelenkte Gedanken, die man nicht unbedingt als Wunsch formuliert? Weißt du, ich spreche jetzt nicht davon, daß jeder Gegenstand, auch der Sessel, in dem ich sitze, jeder Tisch, der Teppich, auf dem du liegst, das Haus, in dem du wohnst, zunächst als Gedanke im Kopf eines Menschen existierte. Dem eines Architekten, zum Beispiel, der diesen Plan zu Papier brachte, um ihn in die Wirklichkeit umzusetzen. Aber selbst dies ist phantastisch genug, wenn du nur darüber nachdenkst. Nein, ich meine die tatsächliche Gedankenenergie, die sich ständig selbst in Materie transformieren will. Au-to-nom! A-tom für A-tom!

Erinnerst du dich beispielsweise, was Ralf, Martins Chauffeur, dir bei der Beerdigung zugeflüstert hat? Was hatte Martin immer gesagt, wenn sie über die Autobahnen flitzten?"

"Verdammt! Er hatte gesagt, wenn er denn schon sterben muß, so will er dies eines Tages in seinem Flugzeug tun!" Mir lief eine dreifache Schicht Gänsehaut über den ganzen Körper.

"Schau mal, ich will dir die Arbeit nicht abnehmen, indem ich dir einfach verrate, wer denn jetzt Recht hatte - Einstein oder Newton, beispielsweise. Das darf ich auch gar nicht. Aber ich kann dir ja ein wenig auf die Sprünge helfen. Laß uns doch mal anfangen mit einem alten, aber nützlichen Philosophendilemma. Kannst du dir vorstellen, daß es eine Unendlichkeit der Zeit, die sogenannte Ewigkeit, gibt?"

"Äh - ja?"

"Kleine Hilfestellung: Einstein hat behauptet, daß die Zeit an Raum und Masse gebunden ist. Daher nannte er sie Raum-

Zeit. Dies führt zu folgendem Schluß: Sofern keinerlei Materie mehr im gesamten Weltraum vorhanden ist, und der die Materie bisher umgebende Raum, quasi das Nichts, jetzt auch noch verschwindet, dann bleibt vom Nichts nichts mehr übrig. Nicht einmal die Zeit, da sie ja keinen Träger mehr hat und keinen Raum, in dem sie sich "befindet" - oder was auch immer Zeit macht."

"Und - hatte er recht?"

"Nun, wenn die Bedingungen für dieses Experiment geschaffen sind, dann wird es wahrscheinlich keine Zeit mehr geben. Dann gibt es aber auch niemanden mehr, der dies überprüfen könnte oder den dies auch nur im entferntesten interessierte."

"Na gut, ich schließe mich an. Dem kann ich noch am ehesten folgen. Zeit ist also nicht ewig, sie begann mit Raum und Materie. So weit, so gut. Und? Wo ist nun dein Dilemma?"

Damit hatte er wohl nicht gerechnet, daß ich Menschlein eine derart rasche Auffassungsgabe besaß.

"Nun gut, dann sagst du also, daß irgendwann einmal irgend etwas aus Nichts entstanden sein muß, da es ja nicht immer schon da gewesen sein kann."

"Wie... wie... wieso?"

"Aller Anfang ist schwer... wenn man bedenkt, daß die ganze Welt, nicht nur unsere Erde, sondern das gesamte Universum zu Beginn auf die Größe einer Apfelsine komprimiert war, stellt sich die Frage, wie schwer diese Apfelsine gewesen sein muß. Dann wird einem klar, wieviel Wahrheit in diesem Satz steckt! Aller Anfang ist schwer...

So. Um diese Apfelsine geht es jetzt. Die kam irgendwann mal - na? Woher?"

Das also war das belämmerte Philosophendilemma. Wundervoll bemerkte meinen bekümmerten Gesichtsausdruck und versuchte mich damit zu trösten, daß dies doch nun wirklich schon ein alter Hut sei, aber irgendwie hatte ich das Gefühl, daß dies meine Position nicht gerade verbesserte.

"Na, woher kam sie denn?" gab ich die Frage kleinlaut zurück.

"Sagen wir es einmal so. Sie war irgendwann einmal ein Gedanke. Eine sehr spezielle Form von Energie.

Jede Form von Materie ist nichts anderes als eine spezielle Form von Energie, aber das brauche ich dir nicht zu erzählen, das ist ja beinahe Grundschulwissen."

"Na ja, beinahe, vielleicht. Irgendwie habe ich irgendwas in der Richtung irgendwann einmal gehört."

"Na schön, sieh her!"

Blink! - da lag ein Goldnugget in Wundervolls geöffneter Hand. Stolz fuhr er fort:

"Nach heutigem Kenntnisstand der Wissenschaft geht man davon aus, daß Masse lediglich eine spezielle Erscheinungsform von Energie ist. Albert Einstein fand in seinem Masse-Energie-Äquivalent sogar den allgemeingültigen Universalschlüssel zur Umrechnung eines Grammes jeder beliebigen Materie in Energie. Nach $M = E / C^2$ ist darin ein Energiewert von 9.10^{16} Joule enthalten.

Nach dem heutigen Weltbild der modernen Physik gibt es im Universum nichts Bekanntes, wissenschaftlich nachweisbares, das nicht eine Erscheinungsform von Energie wäre. 1932 gelang es erstmals, Masse völlig in Energie zu zerstrahlen. Bald darauf konnte Strahlungsenergie total in Masse verwandelt werden, jedoch ist diese Transformation bis heute ein äußerst aufwendiger und schwieriger Prozeß. Dennoch funktioniert sie, und das in beide Richtungen.

Wenn nun alles, wirklich alles in diesem Universum eine Form von Energie ist, so sind dies zweifelsfrei auch unsere Gedanken. Wenn sich nun jede Energieform in Masse, in Materie verwandeln läßt, so wird klar, warum unsere Gedanken sich so oft materialisieren."

"Stimmt. So habe ich das noch nie betrachtet. Eigentlich ist alles aus Atombausteinen zusammengesetzt. In unterschiedlichen Kombinationen ergeben diese wieder völlig neue Materialien. Doch die Atombausteine selbst bestehen, wie man heute weiß, einfach nur aus Energie."

"So weit, so gut. Die Energie unserer Gedanken läßt sich ohne weiteres in jede andere Energieform umwandeln. Somit kann man sogar den physikalischen Energiewert der Menge von Gedankeneinheiten, die zum Materialisieren von einem Gramm Gold erforderlich ist, nach dem Masse-Energie-Äquivalent genau mit 9.10^{16} Joule quantifizieren."

"Also ist alles, was wir jetzt kennen und sehen, irgendwann einmal aus einem Gedanken entstanden?"

"Ja, und deshalb habe ich, wie gesagt, soviel zu tun, daß nicht alles sich verwirklicht, daß wenigstens ein *bißchen* Ordnung in dem Chaos bleibt. Sorry, übrigens, wegen deinem Jaguar..."

Nachdenklich betrachtete ich das Goldnugget in meiner Hand.

"Weißt du, Wundervoll, ich will das ja alles glauben, das mit der Materie und der Energie und so, und für ein Wesen, wie du eines bist, da ist es natürlich keine Kunst, so ein Goldnugget zu materialisieren..."

"Keine Kunst, sagst du? Na hör mal! Hast du eigentlich eine Ahnung, was $9,10^{16}$ Joule für eine Energiemenge ist? Und ich habe nicht einmal mit der Wimper gezuckt!"

"Aber das ist es ja, was ich meine. Es ist zwar schön zu wissen, daß du solche Kunststücke beherrschst, aber für uns Menschlein, wie du uns so gerne nennst, ist dies eine Unmöglichkeit - ohne irgendwelche Mega-Apparaturen, Teilchenbeschleuniger und so, meine ich."

"Das meinst aber auch nur du! Beides ist dir nämlich schon gelungen, und es war wohl so einfach, daß du es schlichtweg wieder vergessen hast. Dann muß ich es das nächste Mal eben ein wenig schwieriger gestalten, damit es bei dir haften bleibt. Oder magst du dich lieber an die Sache mit dem Zweimarkstück unter der Sonnenbank erinnern..."

Solarium und Herz-König

Eines Sonntagvormittags begab ich mich ins Solarium. Es war bereits während meiner Hamburger Zeit, und eine Brise künstlicher Sonne tat da ab und an ganz gut. Wie es nun ans Zahlen ging, legte ich einen Zehnmarkschein auf die Theke und wartete, da ich mir sicher war, daß mein gewähltes Programm acht Mark kostete, auf mein Wechselgeld.

Nein, sagte mir die gebräunte Lady hinter dem Tresen, das kostet zehn Mark und hat es schon immer gekostet. Nun war ich mir aber ganz sicher, daß es nur acht Mark kostete, zumindest hatte sich diese Zahl irgendwie in meinem Kopf eingeprägt. Vor mich hin sinnierend begab ich mich in die Kabine. Dort, auf dem Boden neben der Sonnenbank, blitzte mir ein Zweimarkstück entgegen. Ich lächelte, hob es auf und sonnte mich.

"Da hätte dir eigentlich schon ein Licht aufgehen müssen. So einfach funktioniert das Prinzip!"

"Na ja, gut. Aber vor meinen Augen hat es sich nicht materialisiert, ich meine, so wie dein Goldnugget. Außerdem waren es nur zwei Mark."

"Dich kriegt man auch gar nicht zufrieden!

Aber in weiser Voraussicht habe ich es mir nicht nehmen lassen, das umgekehrte Experiment, nämlich die totale Zerstrahlung von Materie in Energie, recht eindrucksvoll direkt vor deinen Augen geschehen zu lassen. Du erinnerst dich doch sicher noch an deinen besten Kartentrick!"

Schon als Kind habe ich mich mit brennendem Eifer für die Zauberei interessiert. Bereits als Siebenjähriger verzauberte ich meine Altersgenossen für dreißig Pfennig Eintritt mit allerlei Mikromagie und Streichholzschachteltricks. Später stellte ich dann fest, daß man mit einem einfachen Skatspiel in gleicher Weise verblüffen kann, als ließe man einen Elefanten auf offener Bühne verschwinden, und verschrieb mich ganz der Kartenmagie.

Mein bester Trick bestand darin, daß ich eine lediglich gedachte Karte (!) aus einem Kartenhaufen in den anderen wandern lassen konnte. Dazu wurde ein Skatspiel in zwei gleiche Hälften à 16 Karten geteilt, das "Opfer" entschied sich für einen Stapel und dort, beim Durchblättern, für eine Karte. Und eben diese Karte ließ ich, unter mentalem Gestöhne und psychedelischem Gehopse, vom einen in den anderen Stapel wandern. Im einen Stapel waren danach tatsächlich nur noch fünfzehn Karten, im anderen siebzehn.

Eines Tages war ich wieder in der besonderen Laune, diesen Trick zum Besten zu geben. Und so ließ ich, nach entsprechender Vorbereitung, meinem Freund Hans-Peter, der gerade greifbar war, dieses Experiment angedeihen.

Ich habe bis heute nicht vergessen, welche Karte er sich gemerkt hat: den Herz-König.

Zunächst vernahm alles seinen gewohnten Verlauf. Als ich jedoch an der Stelle mit dem psychedelischen Gehopse angelangt war, geschah etwas Merkwürdiges. Mir läuft heute noch ein Schauer den Rücken hinab, wenn ich daran denke.

Wir kamen also zum großen Finale, und ich bat meinen Freund, doch im Stapel nach seiner Karte zu suchen.

"Sie ist nicht mehr da!" konstatierte er verblüfft, während ich begann, mir bereits wonnevoll die Hände zu reiben.

Ja, dann soll er doch mal im anderen Stapel nachschauen! Ich lehnte mich zurück, die Hände siegessicher hinter meinem Kopf verschränkt.

"Da ist sie auch nicht!"

Wie bitte??? Ich ließ ihn die Stapel durchzählen. Im einen waren fünfzehn Karten, im anderen - sechzehn! Seine gedachte Karte blieb verschwunden.

"Mann, super! Wie hast du das bloß gemacht???"

Ich sagte ihm wahrheitsgemäß, daß ich ihm dies nicht verraten *könne*.

Seitdem bin ich dreimal umgezogen.

Die Karte blieb verschwunden...

Unmögliches erledigen wir sofort...

Ich glaube, ich fing an zu begreifen, was Wundervoll mir sagen wollte.

Natürlich hatte ich es noch nicht geschafft, ein Goldnugget in meiner Hand zu materialisieren - aber war es nicht genauso phantastisch, daß ein Playmate, das ich zufällig ausgeschnitten hatte, sich mir Jahre später in die Arme legte? Daß just in dem Moment, da ich sicher war, ich hätte noch zwei Mark zu bekommen, diese plötzlich da waren? Daß ein Flugzeug nach dem Tod seines Besitzers genau zu dessen Haus "findet"?

Doch alles schien nach demselben Prinzip zu funktionieren: Ursache – Wirkung. Die Ursache selbst war wiederum die Wirkung einer noch früheren Ursache. Irgendwie schien sich im Universum einmal eine Kettenreaktion in Gang gesetzt zu haben, die inzwischen gigantische Ausmaße erreicht hatte. Der Ausgangspunkt mußte bei Adam und Eva zu finden sein, im Paradies... oder beim Urknall, je nachdem, woran man glaubte.

"Wundervoll, ich erinnere mich da an eine winzige Begebenheit, die mir dieses Ursache-Wirkungs-Prinzip ins Bewußtsein rief wie ein Blitz aus heiterem Himmel", unterbrach ich meinen Gedankenfluß, von dem ich mir sicher war, daß Wundervoll ihn verfolgt hatte wie ein offenes Buch. Wundervolls rechte Augenbraue hob sich zu einem geschwungenen Bogen, daß sie aussah wie ein Fragezeichen.

"Vor einiger Zeit – ich war damals noch ein junger Spund – fuhr ich mit meinem Wagen durch die Stadt. Ich hatte irgendeinen Behördengang zu erledigen und war auf Parkplatzsuche. An einem Zebrastreifen stand ein alter Mann. Die meisten wären wohl hocherhobenen Hauptes vorbeigerauscht, ich jedoch hielt an und bedeutete ihm lächelnd, er möge doch passieren. An der nächsten Ecke stellte ich den Wagen ab. Als ich gerade aussteigen wollte, klopfte es an meine Fensterscheibe. Draußen stand..."

"... der alte Mann?"

"Richtig. Er wies mich darauf hin, daß ich im Parkverbot stand, gegenüber jedoch gerade ein Parkplatz frei geworden wäre, und verschwand lächelnd. Im gleichen Moment, in dem ich umparkte, bog auch schon die Politesse um die Ecke. Mit einem Schlag hatte ich das Ursache-Wirkungs-Prinzip begriffen!"

"Sieh mal einer an! Du hattest damals einen blauen Mercedes."

"Woher weißt... Wundervoll! Du schon wieder? Schon damals?"

"Tja...", er spitzte die Lippen und bohrte mit seinen Blikken unschuldige Löcher in die Luft.

"Weißt du, viele Dinge fallen dir erst gar nicht auf, weil sie zeitlich zu sehr voneinander getrennt sind, Uwe. Das mit dem Zweimarkstück beispielsweise, das war Klasse: Gedacht, geschehen. Oftmals ist es jedoch so, daß Ursache und Wirkung in ganz verschiedenen Himmelsrichtungen liegen. Wenn dann auch noch ein wenig Zeit verstrichen ist, dann bringst du es nicht mehr so ganz zusammen. Zumindest, wenn du nicht darüber nachdenkst. Wie heißt es doch so schön: Unmögliches erledigen wir sofort, Wunder dauern etwas länger..."

"Also war die verschwundene Karte unmöglich, während Sandra, das Playmate, ein - Wunder war?"

"So kannst du das auch sehen. Offenbar ist es mir gelungen, deinen Blick für das Wesen hinter den Dingen bereits ein wenig zu schärfen. Betrachte doch einmal dein Leben mit diesem neu gewonnenen, klaren Blick, und du wirst auf viele Wunder stoßen. Große wie kleine, künftig wie früher."

"Also, der kleine Kartentrick, damit hast du mich ganz schön an der Nase herumgeführt. Es war zwar nur eine Spielkarte, die da verschwunden ist, aber irgendwie war das schon heftig!"

"Sieh mal, es ist doch einfach so: Im Prinzip funktioniert ein Lernprozeß durch sanftes, stetiges Wiederholen von Ereignissen. Dinge, die geschehen und die sich einfach ähnlich sind. Irgendwann einmal, so nach dem zweiten oder dritten Mal, da solltest du es dann begriffen und verarbeitet haben. Dann hast du es gelernt und dein Kopf ist frei für die nächste, etwas anspruchsvollere Aufgabe."

"Na ja; oder nach dem vierten oder fünften Mal. Als ich noch ein kleiner Junge war, hat mein Vater immer zu mir gesagt: Durch Schaden wird man klug - der Uwe aber nicht."

"Siehst du, das ist dann der Punkt, an dem ich manchmal eingreifen muß. Es ist nämlich so, daß ihr Menschlein leider nicht unbegrenzt Zeit zur Verfügung habt. Das nervt gelegentlich ganz schön, wenn ihr es nach dem dritten Mal immer noch nicht begriffen habt, zumal, wenn ihr eine Aufgabe mit euren Fähigkeiten zusammen in die Wiege gelegt bekommen habt."

Wundervoll schien sich irgendwie warm geredet zu haben; er sprühte jetzt vor Energie, sein Körper war vorgebeugt und seine Augen funkelten.

"Jetzt mach mal einem Menschlein klar, daß alles, alles, was es sich vorstellen kann, wirklich alles, zu Materie werden kann! Wenn du dich selbst dann nicht mal zeigen darfst, einfach, weil es nicht an der Zeit ist, dann muß halt schon mal ein handgemachter Blitz reinfahren, einfach, um Zeit zu sparen. Nicht meine Zeit ist begrenzt, und wenn es nach mir ginge, so würde ich mir einfach eine Hängematte aufspannen - irgendwo im Nirgendwo - und amüsiert zuschauen, bis du es nach tausendmal kapiert hast. Gut, der Film hätte dann sicherlich Längen, aber mir bliebe es unbenommen, mich einfach umzudrehen und ein Nickerchen zu machen, bis wieder etwas Neues passiert. Nicht meine Zeit ist begrenzt, sondern deine!"

"Ach, deshalb diese Ausrutscher, daß manchmal ein Auto explodiert oder ein Führerschein zerplatzt - um gewisse Dinge zu beschleunigen? Das geschieht also nur zu meinem Besten?"

"Und glaube mir, es tut mir mehr weh als dir, mein Junge!"

"Den Spruch kenne ich noch von meiner Mutter..."

Wundervoll lächelte wissend.

"Fazit: immer wenn es auf uns einhagelt, dann... dann meint ihr es besonders gut mit uns?"

"Schön, wenn du das so sehen kannst. Ich würde es eher so ausdrücken, daß du dann mal wieder ein bißchen langsam warst. Nicht die Großen verhauen die Kleinen, sondern die Schnellen die Langsamen. Aber, wie gesagt, es ist ja nur zu deinem Besten!"

"Das beruhigt mich aber ungemein. Dann ist es sicher auch zu meinem Besten, daß ich jetzt so richtig dick in der Tinte sitze. Frau weg, Geld weg, Auto weg, Führerschein weg..."

"Junge, damit habe ich ausnahmsweise nichts zu tun. Das gehört noch in die Kategorie: selber Schuld. Dumm geboren und nichts dazugelernt! Das hättest du eigentlich vor gut sieben Jahren, nämlich knapp nach deinem dreißigsten Geburtstag, bereits lernen können. Da hatten wir das doch alles schon einmal. Weißt du denn nicht mehr?"

Jetzt hatte er mich. Stimmt. Alles schon mal verbockt.

Ach ja, mein dreißigster Geburtstag...

Mein dreißigster Geburtstag

Sieben Jahre war es nun her, daß ich meine erste Bauchlandung erlebt hatte. Kurz vor meinem Dreißigsten hatte ich alles schon erreicht. Das Leben schien eine streng monoton wachsende Linearfunktion zu sein. Bereits während des Studiums hatte ich mich selbständig gemacht, Unternehmensberatung und Vermittlung von Kapitalanlagen. So hatte ich am Ende des Studiums bereits meine erste Million verdient, während meine Kommilitonen gerade begannen, in ihre ersten Jobs einzusteigen.

Alles, alles schien mir zu gelingen, und die Wünsche schlugen Purzelbäume im Sich-mir-Erfüllen. Um der Steuern Herr zu werden, waren ruckzuck drei, vier Immobilien eingekauft. Auch die Banken dachten wohl, daß dies immer so weiterginge.

Längst fuhr ich die meinem Unternehmerstand angemessene S-Klasse, und so fehlte nur noch die eigene Villa, damit ich vor meinem dreißigsten Geburtstag von mir sagen konnte: Alles habe ich erreicht! Ein abgeschlossenes Studium, bereits die erste Million verdient, dickes Auto, tolles eigenes Haus, eine wundervolle Frau an meiner Seite...

Um es kurz zu machen, das mit dem tollen, eigenen Haus, das war dann der Punkt in der Geschichte, in der beim Fischer und seiner Frau schließlich auch das Faß überläuft und quasi platzt. Und Quasi ist dann auch bei mir geplatzt. Die Finanzierung des Hauses wurde zurückgezogen, und statt an meinem dreißigsten Geburtstag meine eigene Villa zu beziehen, bezogen wir Dorindas Kinderzimmer und dort ihr Kinderbett, während all unsere Habseligkeiten - privater wie geschäftlicher Natur - in einem Container von der Größe eines Güterwaggons eingelagert waren.

Woche um Woche verging, in der ich versuchte, eine Finanzierung zu erkämpfen, während mir meine geschäftlichen Felle davonschwammen, denn suchen Sie mal die Akte Meier in einem Güterwaggon zwischen Wasserbett und Teeservice.

Nach endlos scheinenden sieben Wochen gab ich auf, ich ließ los. Am selben Wochenende fanden wir ein wunderschönes Fachwerkhaus zur Miete, mit offenem Kamin, Pool, Sauna, Galerie, einer wunderschönen Parkanlage und allem, was man meint zu brauchen, in jenen sogenannten guten Zeiten. Das Leben ging weiter.

Es war jenes Zuhause, in dem ich fünf Jahre lang leben sollte, bevor die Schicksalswinde mich nach Hamburg wehen würden. Dreh- und Angelpunkt für viele Freunde und solche, die sich dafür ausgaben. Luxusoase zum Leben und Lachen, die dabei half, schwarze Wolken am Horizont zu verdrängen oder ganz einfach zu übersehen. Die größte Party, die ich dort feierte, endete mit achthundert Leuten. Ich habe mich manches Mal gefragt, wo die waren, als es mir dann schlechter ging.

Aber kommen wir zurück zum Beginn dieses neuen Lebensabschnittes: Fast zeitgleich mit dem Einzug war die Software marktreif geworden, an deren Entwicklung ich seit Jahren mitgewirkt hatte und für deren Vertrieb ich nun zuständig war. Da wir diese nicht verkauften, sondern vermieteten, kam Monat für Monat ein fester, stetig wachsender Betrag ins Haus. Erst war die Miete gedeckt, dann blieb was für den Kühlschrank übrig - und so hangelte ich mich langsam, aber stetig wieder die Strickleiter des geregelten Lebens empor.

Ich mußte an den Spruch denken, den Al Pacino im *Duft der Frauen* in der berühmten Tango-Szene zu seiner jungen Tanzpartnerin sagt, die noch nie Tango getanzt hatte. Er, ein blinder General a.D., sagt ihr, die sich fürchtet, einen Fehler zu machen:

"So ist das: Man tanzt, man macht einen Fehler, man tanzt einfach weiter!"

Doch bald darauf, als unsere Ehe bereits bröckelte, kam ich eines Sommerabends, übermüdet vom Streß und von der Hitze, auf dem Nachhauseweg von meiner Straßenseite ab und fuhr ungebremst mit 60 km/h frontal in einen entgegenkommenden LKW. Diesen schob ich dann auch noch auf einen BMW hinter ihm.

Am nächsten Tag stand in der Zeitung zu lesen:

"Ein einziger Unfall im Landkreis kam teurer als die gesamte Schadensbilanz des gesamten Landes am Wochenende. Fahrer leicht verletzt, Sachschaden 180.500 Mark."

Nun, ich war gar nicht verletzt; auch fragte ich mich, was wohl genau die fünfhundert Mark in der Schadensbilanz ausmachte. Wahrscheinlich war es das Blinkerglas vorne rechts. Fakt war, daß ich mein Auto atomisiert hatte. Die Vollkaskoversicherung war von der Verpflichtung zur Leistung frei, da ich zu Protokoll gegeben hatte, ich sei eingenickt. Aus dem selben Grunde war auch mein Führerschein weg.

Zwei meiner Wohnungen standen zu der Zeit bereits leer, so daß den Zinslasten keine Mieteinkünfte mehr gegenüber standen.

Meine Immobilien mußte ich mit Verlust verkaufen, und meine Frau gab mir zu verstehen, daß es besser sei, wenn jeder wieder seine eigenen Wege ginge.

Damals hatte ich mir geschworen, daß mir dies niemals wieder geschehen würde. Damals wußte ich auch noch nichts vom Rad des Lebens...

In einer Inszenierung der Carmina Burana hatte ich einmal ein Bild gesehen, das mich sehr beeindruckte, dessen Sinn mir jedoch erst später klar wurde. Es gab da ein riesiges Schicksalsrad, gedreht von zwei Engeln, einem weißen an der linken, einem schwarzen an der rechten Seite. Doch der schwarze Engel, der das Rad herunterzog, war genau so wichtig für das Drehmoment wie der weiße, der das Rad auf der anderen Seite emporhob.

Damals dachte ich, ich würde nie, nie mehr wieder da oben ankommen. Damals, vor sieben Jahren...

Und dann, als ich es geschafft hatte, als ich doch wieder "da oben" angekommen war, war ich mir sicher, daß ich nie mehr wieder so einbrechen würde.

Wieder fand ich mich an meine Situation erinnert und daran, was ich doch für ein armer Tropf war.

Und da, genau rechtzeitig, fand ich in meinem Briefkasten den Brief meiner Schwester. Nie haben mich geschriebene Worte, die an mich persönlich gerichtet waren, mehr angerührt und mehr in mir bewirkt.

Der Brief meiner Schwester

"Lieber Uwe,

Deinen Brief habe ich mit großem Interesse gelesen, es ist wirklich ein Krimi. Genauso, wie Du alles aus Deiner Sicht niedergeschrieben hast, schreibe ich jetzt, was ich darüber denke - einverstanden?

Wie Du sicher auch schon bemerkt hast, wiederholt sich alles irgendwie in Deinem Leben. Immer, wenn Du meinst, es geschafft zu haben, bricht das Kartenhaus zusammen. Es geschafft zu haben - ja, was denn?! Was sind denn das für Ziele? Vor allem, wie sind Deine persönlichen Prioritäten?

Selbstverständlich ist das in Ordnung, wenn man sich wünscht, Erfolg im Beruf zu haben, genügend Geld zu verdienen, ein schönes Haus zu besitzen und ein teures Auto zu fahren. Nur all diese Dinge sind seelenlos und leer, wenn die entsprechenden Werte fehlen. Das bekommst Du ja jetzt leider knüppeldicke am eigenen Leib zu spüren. Glaub mir, ich hätte es Dir wirklich von ganzem Herzen gegönnt, wenn alles so wunderbar weitergegangen wäre, wie es für uns während unseres Besuchs bei Euch aussah!

Vielleicht glaubst Du in Zukunft an die Warnungen, die von außenstehenden Personen kommen. Du neigst eben zu einer starken Gutgläubigkeit, was Dir leider schon öfter zum Verhängnis wurde. Sei bitte Dir zuliebe in Zukunft etwas kritischer. BITTE! Es tut nämlich nicht nur Dir weh, wenn es Dir schlecht geht.

Nach all dem, was mir beim Lesen Deines Briefes noch so in Erinnerung kam, glaube ich, daß Du in diesem Leben lernen mußt, von materiellen Werten zu inneren Werten zu gelangen. Wir kommen nun ins Zeitalter des Wassermanns, das ist eine Zeit, in der Spiritualität eine weitaus größere Rolle spielt als in der Vergangenheit. Du hast das Handwerkszeug dazu, nutze es.

Du kennst vielleicht den ollen Spruch: "Was Du heute kannst besorgen..." Er beinhaltet eine große Wahrheit. Ich wollte zum Beispiel Onkel Günter immer etwas Wichtiges fragen. "Ach, dieses Wochenende nicht gerade - ein andermal." Dieses andere Mal gab es dann nicht mehr...

Da habe ich mir geschworen, zu versuchen, jeden Tag zu leben, als ob es der letzte wäre. Das bedeutet, daß ich solche Dinge, die mir wichtig sind, nicht mehr in ewige Zukunft schiebe. Du hast das an unserem Besuch gemerkt, sobald es möglich war, kamen wir Euch besuchen. Es war mir einfach wichtig, und was einem wichtig ist, kann man in absehbarer Zeit einrichten. Das ist nur eine Frage der Organisation.

Heute hat Vati uns zur Weihnachtsfeier eingeladen. Ich werde alles tun, um eine Vertretung bei uns im Stall zu organisieren, damit wir dorthin können. Ich finde es so lieb, daß er diese Feier immer noch macht. Wer weiß, was nächstes Jahr um diese Zeit ist...

Ich hoffe - und denke - daß Du genau verstehst, was ich damit ausdrücken will.

Uns ist hier auf diesem Planeten nichts sicher. Darum muß man sich an dem freuen, was man gerade hat, auch wenn man noch weitere Ziele verfolgt. Das gehört ja auch dazu. Wichtig ist es, hauptsächlich in der Gegenwart zu leben. Mehr als in der Zukunft oder in der Vergangenheit.

Uwe, Du bist gesund und hast einen wachen Verstand! Genieße das, solange Du diese Gaben hast. Die Gesundheit ist wahrlich unser wertvollstes Gut.

Die beiden wichtigsten Dinge im Leben kann man sich nicht verdienen: Die Gesundheit und die Liebe.

Du schreibst, daß Du ganz alleine bist. Das ist nicht wahr, Du hast Deine Familie. Nimm doch endlich mal die Einladung auf den Wenthof an, oder denkst Du, daß man die Beziehung zur Schwester geschenkt bekommt und sie nicht pflegen muß? Was denkst Du, wie oft wiederhole ich noch eine Einladung, wenn sie dauernd ausgeschlagen wird? Ich würde mich über einen Besuch von Dir (oder Euch, je nachdem) sehr freuen.

Bitte knalle Dir Deinen Kopf nicht mit Selbstmitleid zu, Du brauchst ihn jetzt zum Überleben.

Sieh Dich um und picke die verschütteten Saatkörner auf, die Du sicher zwischen den Scherben finden kannst. Säe sie und pflege die daraus wachsenden Pflänzchen, auch wenn es eine Weile dauert, bis man Keimlinge sehen kann. Sieh den Regenbogen, er kann ohne Regen nicht sein, und doch ist er so bunt und schön!

Sieh das Leben, es kann ohne Regen nicht sein, und doch ist es so bunt und schön!

Denke daran, es lohnt sich immer zu kämpfen, auch wenn Deine neuen Ziele banaler erscheinen, sie sind es nicht. Im Gegenteil: sie sind viel lebendiger und grundlegender.

Formuliere doch mal Deine momentan tiefsten und dringlichsten Wünsche und vergleiche sie mit den bisherigen. Der Unterschied ist Dir bereits klar, das geht aus Deinem Brief deutlich hervor. Nur am neuen Formulieren fehlt es noch. Du weißt doch: Wenn ein Wunsch erst einmal formuliert ist, ist er auf dem Weg.

"Unmögliches erledigen wir sofort, Wunder dauern etwas länger."

Du hast soviel Phantasie, benutze sie jetzt, um Dein Überleben zu sichern und um nicht zu verzweifeln. Male Dir Deine eigene kleine Welt in Deinem Herzen und sieh Dir das Bild immer dann an, wenn Du nur noch schwarz siehst. Deine schöne kleine Welt wird sich in Deinen Augen spiegeln, und wer sie sehen will, wird sie sehen.

So wirst Du für Deine Lieben, wer immer das auch gerade ist, weiterhin lebendig sein und kein verzweifeltes Etwas, mit dem nichts anzufangen ist.

Halte die Türen zu den Menschen offen, die für Dich da sind. Du wirst aber auch daran arbeiten müssen.

Du hast ja schon mal erlebt, daß ein Happy Uwe bei sogenannten Freunden mehr zählt als ein Sad Uwe. In so einer Lebenslage kristallisieren sich dann die echten Freunde heraus. Nimm sie an und haue sie nicht vor den Kopf, es könnte sonst auch der eine oder andere von ihnen auf der Strecke bleiben.

Wenn dir jemand echte Hilfe anbietet, und sei es nur, daß er Dir sein Ohr leiht, nimm die Hilfe an. Wer weiß, wie oft Du das Angebot bekommst.

Ich weiß, mein Brief muß Dir so vorkommen, als ob ich dauernd den Zeigefinger erhoben habe. Bitte sieh es als meinen dringenden Versuch, Dir mit meinen Mitteln zu helfen. Manches muß man in einem Brief krasser ausdrücken, um die Wirkung zu erzielen, die man möchte. Ich bin aber sicher, daß Du mit meinen Zeilen etwas anfangen kannst. Solltest Du nur an einem Wort zweifeln, ob Du es so verstehst, wie ich es gemeint habe, dann rufe bitte unbedingt an. Ich würde mich ohnehin über ein Feedback von Dir freuen.

Finde den Schlüssel zu Deinem Herzen und nimm Dein Leben in Deine eigenen Hände. Laß es Dir von niemandem aus der Hand reißen. Du selbst hast die Kraft, das alles zu überstehen, egal was kommt. Finde die Quelle Deiner Kraft in Dir, damit Du sie nutzen kannst.

Denk auch bitte daran, daß die Art der Formulierung eine bedeutende Rolle spielt, was sich ereignen wird.

Nicht "vergiß mich nicht", sondern "denk an mich"!

Spürst Du die unterschiedliche Wirkung?

Genauso ist es mit Deinen Gedanken und Wünschen. Ich weiß, daß Dir dieses Prinzip bekannt ist, man muß es nur konsequent anwenden. Unsere heutige Sprache ist so voller Negationen, daß es einem fast nicht mehr auffällt. Aber es gibt immer auch eine positive Formulierung, man muß sich nur die Mühe machen, sie zu finden.

Nicht: "Suchen" sondern "finden".

Nicht, was man n i c h t will, sondern was man w i l l !

Ich hoffe, daß Du mit meinen Gedanken etwas anfangen konntest und daß ich Dir ein wenig helfen konnte.

Also, mein lieber großer Bruder, ich wünsche Dir alles erdenklich Gute - und Kopf hoch, Du schaffst das!

Machs gut, bis bald! Ich hoffe, daß die nächsten Nachrichten von Dir besser sind. Aber egal, wie sie sind, laß von Dir hören.

Hier endet nun mein Brief. Er ist nicht so lang wie Deiner, doch enthält er mein ganzes Wissen, das Du jetzt brauchst... ich grüße Dich und werde immer wieder an Dich denken. Deine Schwester."

Seltsam war das! Tatsächlich hatten sich die Dinge wiederholt! Ich hatte all dies bereits schon einmal hinter mich gebracht, in nahezu identischer Reihenfolge, und wenn man dieses und das letzte Mal gefilmt hätte, so könnte man die Filmstreifen nun übereinander legen und hätte dieselben Szenen an denselben Stellen, mit leicht geänderter Szenerie und etwas anderen Namen - wie das Remake eines Klassikers.

Gibt es Zeitstrudel?

Irgendwie, so scheint es, gibt es im Leben eines jeden Menschen eine Art roten Faden, der sich durch das ganze Leben zieht. Doch jeder Mensch scheint seinen eigenen, ganz persönlichen roten Faden zu haben.

Da gibt es die Frau, die ständig und immer wieder an Männer gerät, die sie verprügeln.

Da gibt es den Mann, der immer wieder von den Frauen betrogen wird.

Oder denjenigen, dem ständig das Geld zwischen den Fingern verrinnt, wie der Sand einer Sanduhr.

Auch andere Menschen schienen gleich mir in einer Zeitschleife gefangen zu sein. So hatte ich einmal von einem Mann gelesen, der sage und schreibe 153 Mal auf offener Straße überfallen worden sein soll. Ich bin sicher, daß es bis zum heutigen Tag bereits 306 Mal geworden sind...

Gibt es Zeitstrudel?

"Wundervoll! Wo bist Du???"

Es gibt Zeitstrudel

Wie gerufen stand Wundervoll da. Mit einem breiten Grinsen im Gesicht, einer großen Kristallschüssel unter dem linken und drei kleineren unter dem rechten Arm.

Und vor allem, er stand nicht im Wintergarten, sondern direkt im Wohnzimmer. Und noch mehr vor allem, es war am hellichten Tag!

"Was machst du denn hier... ich meine, um *diese* Zeit?"

"Du hast mich gerufen - also bin ich!"

Stimmt. Ich hatte es noch nie probiert. Ich war einfach davon ausgegangen, daß er nur nachts erscheinen würde. Warum eigentlich?

"Und die Schüsseln?"

"Du wolltest doch Zeitstrudel. Hier ist er!"

Wundervoll stellte die drei kleinen Schüsseln auf dem Glastisch neben der größeren ab. Darin befand sich ein duftender Strudel, er roch nach Apfel und Zimt. Die drei kleinen Schüsseln waren gefüllt mit einer schwarzen, einer weißen und einer etwas klumpigen Soße, deren Farbe irgendwo dazwischen lag.

In der Tat hatte ich inzwischen Hunger bekommen, aber das mit dem Zeitstrudel, das hatte ich doch ein wenig anders gemeint.

"Das mit dem Zeitstrudel, das hatte ich doch ein wenig anders gemeint", sagte ich, als Wundervoll nicht gleich in gewohnter Weise auf meine Gedanken reagierte.

Dieser hatte inzwischen aus der Küche zwei blaue Schälchen und zwei Löffel geholt. Während er die erste Portion aus der großen Schüssel austeilte, bedeutete er mir, daß ich mich doch setzen möge.

"Die schwarze Soße, die ein wenig nach Schokolade schmeckt, die ist aus gestohlener Zeit.

Die helle Soße, die ein wenig nach Vanille schmeckt, die ist aus gewonnener Zeit.

Und die dritte Soße, die ging ein bißchen daneben, die ist aus zerronnener Zeit.

Das Ganze habe ich angerührt nach einem eigenen Geheimrezept. Die Schwierigkeit liegt in der Tat in der begrenzten Lagerkapazität gewisser Zutaten. Vor allem die Zeiten, die mußt du immer frisch besorgen, weil sie so gut wie gar nicht lagerfähig sind!"

Er schmatzte dabei ein bißchen und hatte schon seine erste Portion verspeist.

Ich entschied mich zunächst für die Quasi-Vanillesauce. Der Zeitstrudel schmeckte wirklich vorzüglich. Aufmerksam lauschte ich weiter Wundervolls Ausführungen, während wir beide abwechselnd schlürften und klapperten.

"Schwierig ist lediglich die Gewinnung der *ersten* Soße, da es im gesamten Universum immer genau gleich viel gestohlene Zeit wie gewonnene Zeit gibt. Stelle ich also eine gewisse Menge gestohlener Zeit her, so entsteht automatisch, im selben Augenblick, die gleiche Menge an gewonnener Zeit. Ich muß jetzt nur noch wissen, wo.

So ist es mit allem hier. Auch mit der Materie und der Energie, die ja im Grunde genommen ein und dasselbe sind. Sieh mal: Ein Atom, beispielsweise, das besteht aus genau gleichviel positiver Ladung wie negativer Ladung. Erst die Trennung dieser beiden Ladungen führt dazu, daß das Atom überhaupt existiert. Da ist negative Ladung, da ist ganz viel Nichts, da ist positive Ladung. Ohne, daß du die Größe des gesamten Universums genau kennen mußt - ich verrechne mich auch immer um zwei, drei Atome - kannst du doch stets folgende Frage beantworten: Wie ist die Energiebilanz des

Universums? Alle positive Ladung auf die linke Seite, alle negative Ladung auf die rechte Seite. Wie groß ist die Differenz?"

"Null", vermutete ich mutig.

"Siehst du? Das gesamte Universum, ein gigantisches Nullsummenspiel. Eigentlich: Nichts. Es ist das Nichts zwischen dem Etwas, das die Welt von ihrer Spiegelwelt trennt und beiden so die Existenz ermöglicht. Nichts hält mich hier! Schau her!"

Er nahm die Schüssel mit der gewonnenen Zeit in die linke, die mit der gestohlenen Zeit in die rechte Hand und schüttete deren Inhalt in die Schüssel mit der zerronnenen Zeit. Unter einem leisen Paff verpufften die drei Soßen, wobei die zerronnene irgendwie als Katalysator zu dienen schien.

"Schade. Hat gut geschmeckt! Ich wußte gar nicht, daß du kochen kannst. Das nächste Mal kannst du ja ein paar Fruchtquarks mitbringen!"

"Oh, ich denke, von denen wirst du kaum satt werden."

Ich mußte an meine Kaminuhr denken, eine französische Pendule aus dem letzten Jahrhundert, in schwerem, schwarzem Marmor gehalten, Pendelsonne und Zifferblatt golden verziert. Immer lief sie entweder zu schnell, oder sie lief gar nicht. Irgendwie glich sich das immer aus. Im Moment lief sie gerade mal wieder gar nicht.

"Sag mal, Wundervoll, kann es sein, daß es wirklich kleine Zeitstrudel gibt, die uns laufend umgeben, wie kleine Tornados um uns und über uns schweben? Ich denke da zum Beispiel an Buchhandlungen. Da scheinen sie gehäuft vorzukommen. Immer, wenn ich eine Buchhandlung betrete, dann ist im Nu die erste Stunde vorbei, gerade hatte ich doch erst das gelbe Buch neben dem Eingang berührt... geht es dir nicht auch so?"

"Durchaus, durchaus!"

"Weißt du, seitdem warte ich auch nie wieder in einer Buchhandlung auf meinen Zug. Einmal, da muß ich in einen etwas größeren Zeitstrudel geraten sein, da ist der Zug danach *und* der danach auch noch ohne mich abgefahren. Hatte ich eine Wut! Seitdem: Nie mehr Buchhandlungen als Wartehalle!"

Wundervoll nickte verständnisvoll.

"Oder die Sache mit den Bahnhofsuhren. Ist dir das auch schon mal aufgefallen? Da stehst du und wartest, damit du den Zug nicht versäumst, nicht in einer Bahnhofsbuchhandlung, sondern direkt auf dem Bahnsteig. Du stehst und wartest und starrst auf die Bahnhofsuhr, welche die Zeit nunmehr ins Unermeßliche zu dehnen scheint. Du kannst es selbst überprüfen, Wundervoll: die Bahnhofsminute besteht aus zweiundsechzig Sekunden! Immer, wenn der Sekundenzeiger oben ist, zu jeder vollen Minute, hält er für *drei* Sekunden inne um dann, als sei nichts geschehen, weiterzugehen. Immer. Zu jeder vollen Minute. Und doch gehen die Bahnhofsuhren immer ganz genau! Wohin verschwinden nun diese zwei Sekunden pro Minute?"

"Nun?"

"Ich habe es ausgerechnet: es sind hundertzwanzig Sekunden - also zwei Minuten - pro Stunde, ergibt achtundvierzig Minuten pro Tag. Macht bereits fünf Stunden sechsunddreißig Minuten pro Woche oder zweiundzwanzig Stunden im Monat! Zweiundzwanzig Stunden pro Bahnhofsuhr! Bei einer angenommenen Anzahl von fünfhundert Bahnhofsuhren - denn jeder Bahnhof hat ja mehrere - ergibt dies 11.000 satte Stunden im Monat. 11.000 Stunden, die einfach irgendwo abgezweigt werden, ohne daß wir es merken sollen! Was machen die damit?"

"Vielleicht ist es ja nur, daß sie ihre Verspätungen damit puffern? Daß die Züge vielleicht mit kleinen Zeitreservetanks ausgestattet sind? Erst, wenn diese leer sind, kommt es dann zu den gewohnten Verspätungen", mutmaßte Wundervoll amüsiert.

"Und? Ist es so?" wollte ich eifrig wissen.

"Ach, Junge! Wenn dies tatsächlich so wäre, dann würde es derartige Verschiebungen im Raum-Zeit-Kontinuum geben, daß allmählich alle Züge unsichtbar würden, weil jeder sich in seiner eigenen Zeit bewegt. Nur die Reisenden könnten ihren eigenen Zug dann noch erkennen. Das ganze Universum würde aus den Angeln gehoben, nur, damit die Züge alle pünktlich sind. Eine pünktliche Bahn in Ehren - aber wäre es das wert?"

"Dann gehört eine pünktliche Bahn also zu den Dingen, die sich im Gegensatz zu Unmöglichem und Wundern tatsächlich nie realisieren lassen?"

"Sieh es mal so: Wenn der Tag kommt, an dem alle Züge pünktlich sind, dann solltest du vorsichtshalber den Kopf einziehen, dann ist nämlich die Welt aus den Angeln gehoben..."

"Na gut, aber jetzt mal im Ernst. Was machen die mit der ganzen Zeit?"

"Du, das wissen die selbst nicht so ganz genau. Die haben jetzt ein geheimes Projekt laufen und hierfür hundert Pünktlichkeits-Manager eingestellt, die daran arbeiten..."

Dieser Ansatz führte offenbar nicht weiter. Aber in meinem Brief an das ungeborene Kind habe ich auch etwas hineingeschrieben über die Zeit...

"In meinem Brief an das ungeborene Kind habe ich auch etwas hineingeschrieben über die Zeit, und ich denke, jeder Mensch empfindet ähnlich."

Da war sie wieder: Die Fragezeichenaugenbraue!

"Brief an ein ungeborenes Kind?"

"Du weißt schon, Amin, mein Freund aus dem Morgenlande, wird bald Vater. Da kam mir die Idee, einen Brief an mein Patenkind zu schreiben, bereits vor seiner Geburt."

"Na dann zeig mal her, du pränataler Postmoralapostel!"

Flugs hatte ich den Brief herbeigeholt.

"Sieh her, hier ist die Stelle: ...mit der Zeit hat es eine seltsame Bewandtnis, und es gibt ein paar Dinge, die Du noch nicht wissen kannst, wenn Du in der Lage bist, diese Zeilen das erste Mal zu lesen. Die möchte ich Dir nun beschreiben. Noch ist die Karaffe Deines Lebens randvoll gefüllt mit Stundentropfen, und noch verrinnen diese langsam, ganz langsam. Koste jeden Tropfen mit allen Deinen Sinnen! Genieße die noch endlos scheinenden Sommerwochen und beiße von ihnen herunter, wie von einem süßen Kuchen. Laß sie Dir auf der Zunge zergehen, denn schon bald werden die Kuchenstückchen immer kleiner. Auch dann schmecken sie noch, aber Du mußt schon aufmerksamer hinschmecken. Mehr und mehr wirst Du auf Siebenmeilenstiefeln durchs Leben sausen. Dies hat den Vorteil, daß Du auf Dinge, auf die Du Dich freust, nicht mehr so endlos lange warten mußt, sie sind dann aber auch schneller vorbei. Das ist der Preis des Älterwerdens, und Du hast nicht einmal die Wahl. Du wirst älter, und Du zahlst den Preis. Automatisch, Du brauchst wirklich nichts hinzu zu tun, glaube mir, auch wenn dies jetzt seltsam für Dich klingen mag..."

"Ja, ja, da ist was dran. Man wird einfach älter, und irgendwie wird alles kürzer."

"Aber warum ist das so, Wundervoll? Warum verstreicht die Zeit immer schneller, je älter wir werden? *Warum?*"

"Nun, mal ganz abgesehen davon, daß es weder eine Zeit gibt, die sich irgendwo befindet, noch eine, die verstreicht, gibt es dein ganz persönliches Zeit*empfinden*, das dir derlei Streiche spielt. Schau mal."

Irgendwo hatte er einen Zollstock und ein Gummiband aufgetrieben. Das Gummiband war ganz klein, der Zollstock einen Meter lang.

"Der Zollstock ist dein gesamtes Leben, vom Anfang bis zum Ende, während das Gummiband dein Leben bis zu jedem beliebigen Zeitpunkt zwischen Anfang und Ende darstellt. Jeder Zentimeter ist ein Jahr. Jetzt, zum Beispiel, bist du zehn Jahre alt!"

Er zog das Gummiband auf zehn Zentimeter Länge und hielt es an den Zollstock.

"Siehst du, wie lang die Jahre sind?"

"Ja - ein Zehntel meines Lebens!"

"Und die Sommer? Ein Viertel eines Zehntels deines Lebens! Da waren sie noch richtig lang, als du gerade mal zehn Jahre warst. Und jetzt? Schau mal her!"

Er zog das Gummiband auf eine Länge von ungefähr 35 Zentimetern.

"Jetzt ist ein Sommer bereits nur ein Hundertvierzigstel meines gesamten Gummibandes", rechnete ich mit.

"Soll ich mal auf Hundert ziehen?"

"Nein, danke, es reicht."

"Siehst du, das ist der Grund, warum die Zeit - gleich einem Strudel - immer und immer schneller wird, je länger du dich in ihr befindest."

"Der Gummibandeffekt?"

"Der Gummibandeffekt."

"So einfach ist das?"

"So einfach ist das."

Da fiel mir der rote Faden wieder ein:

"Jetzt erkläre mir bitte die Sache mit dem roten Faden. Wieso hat jeder Mensch seinen ganz individuellen roten Faden?"

"Nun überleg doch mal! Das Ganze hängt mit deinem Universum zusammen. Wo befindet sich der Mittelpunkt unseres Sonnensystems?"

"Das ist jetzt aber wirklich Grundschulwissen. Unsere Sonne ist natürlich der Mittelpunkt, und die Erde kreist drumrum!"

"Drumrum. Soso. Wo befindet sich denn nun der Mittelpunkt des Universums?"

Ich versuchte, diese Fragezeichenaugenbraue hinzukriegen und erwartete eine Antwort, irgendwas mit 343,68245 Millionen Lichtjahren und immer Nordnordost, oder so ähnlich.

Da deutete er wortlos auf mich.

Da deutete er wortlos auf mich!

"Uwe, der Mittelpunkt eines unendlichen Systems, wo befindet der sich?"

"Immer am Ausgangspunkt der Messung. Da das System ja unendlich ist und die Lichtwellen in alle Richtungen gleichzeitig strahlen und niemals an einem Punkt zuerst anstoßen, ist immer wieder der Punkt der Messung die Mitte eines unendlichen Systems."

"Abgesehen davon, daß die Lichtwellen keine Wellen sind und auch nicht strahlen, ganz gut", dämpfte er meinen Stolz auf die richtige Antwort. "Und wo ist der Punkt der Wahrnehmung deiner Messung? Von wo aus nimmst du dein Universum wahr?"

"Immer vom Mittelpunkt!"

"Und wie viele Universen gibt es, sagen wir mal, allein auf dieser Erde?"

"So viele, wie es Bewußtseine gibt, also so etwa sechs Milliarden!"

"Plus ein paar hundert Ameisen und Fische und Vögel und so. Macht nichts, ich verhau mich ja auch immer um zwei bis drei Atome. Was also ist all diesen sechs Milliarden und ein paar Hundert Universen gleich?"

"Die Naturgesetze. Für alle fallen Äpfel von oben nach unten, Bier macht besoffen und Frauen sind schön!"

"Na ja, bis auf ein paar wenige Ausnahmen hast du wohl recht. Ein Astronaut im Space Shuttle, beispielsweise, für den gilt das nicht, das mit dem Apfel... aber sei es drum, lassen wir es gelten. Und wo, mein Junge, liegt nun der Unterschied zwischen den einzelnen Universen?"

"Im Mittelpunkt?"

"Nein. Für jedes Universum ist der Mittelpunkt in der Mitte. Und jeder Mittelpunkt ist gleich gut, das ist einfach so bei unendlichen Systemen.

Es sind die *Gedanken*, durch die sich unsere Universen unterscheiden. Art und Beschaffenheit dieser Energie bestimmt jeder selbst in seinem Universum. Jeder für sich kann diese blitzschnell ändern, einweichen, kühlen, erhitzen, schleudern, aufblasen, bunt oder schwarz färben, beschleunigen, verlängern, verschieben..."

"...dehnen, aufleuchten lassen, komprimieren, wegsperren, beamen, transferieren, sublimieren, dissimilieren, extrahieren, quadrieren..."

"Es sind die Gedanken, Uwe! Nach allem, was du gelernt hast, weißt du, daß es stimmt."

"Solange ich dieselben Energien in derselben Weise einsetze, mich vor den selben Sachen fürchte, die selben Dinge anstrebe und begehre..."

"... solange wird der freie Sternenstaub sich in ein und derselben Weise immer und immer wieder anordnen, zur selben Spirale sich formen, die selben Elemente bilden, die selben Energien anziehen und binden. Solange bist du im Rad, im Strudel der Zeit, und hältst dasselbe Ende desselben roten Fadens in der Hand."

"Aber ... aber das bedeutet ja, daß ich in einem Hamsterrad gefangen bin, aus dem es keinen Ausweg gibt, oder etwa doch? Was, wenn ich mich einfach weigerte, diesen roten Strick anzunehmen? Wie ein kleiner Esel, der sich dir entgegenstemmt, wenn du daran ziehst und ihn in eine bestimmte Richtung bewegen willst."

"Laß dir gesagt sein, ohne roten Faden geht es nicht, aber du kannst sie immerhin auswechseln, die Fäden. Das geht. Dazu mußt du den bisherigen Esels-Strick abgelegt haben. Alt gegen neu. Sonst wärst du wie ein Astronaut auf Weltraumspaziergang ohne Verbindungsleine zum Shuttle."

"Eigentlich ist meine Frage wieder einmal beantwortet, noch bevor ich sie formuliert habe. Trotzdem will ich es genau wissen. Wundervoll, geschieht das Ganze jetzt noch einmal? Das letzte Mal habe ich mir doch auch geschworen, daß es mir nie wieder passieren würde..."

"Nun, tröste dich. Die nächste Million steht schon bereit, das Wissen und die Fähigkeit, sie zu erreichen, trägst du in dir. Das hast du zweimal schon gezeigt und das verlernt man nicht, so wie Schwimmen. Ich helfe dir dabei, wenn du es wünschst. Ich stelle dir wieder ein dickes Auto - diesmal nehmen wir wohl besser einen Panzerwagen - vor die Tür eines Traumhauses und stelle dir eine wundervolle Frau zur Seite..."

"Das klingt verlockend! Aber bedeutet dies nicht gleichzeitig, daß ich nichts gelernt habe? Daß ich wieder das gleiche Ende desselben roten Fadens in der Hand halte? Löst sich dann nicht wieder alles in Schall und Rauch auf?"

"Dies wäre dann der Fall, wenn du wirklich nichts gelernt hättest. Aber ganz so hoffnungslos ist dein Fall noch nicht, sonst wäre ich nicht da, um dir zu helfen. Nimm einfach noch einmal den wundervollen Brief deiner Schwester, lies ihn und tue einfach, was in ihm steht. Deine Ziele müssen nicht schlecht sein. Laß doch einfach mal die Befürchtungen los und überdenke aufgrund deiner Erfahrungen deine Wünsche völlig neu. Vielleicht sind es ja ganz andere Sachen, die du wirklich willst und die dich glücklich machen. Du hast die Freiheit, dir diese zu wünschen."

Unglaublich, was ich heute gelernt hatte. Je mehr ich darüber nachdachte, desto glücklicher wurde ich.

Den Brief meiner Schwester als Wegweiser in der Hand, machte ich mich auf die Suche nach meinen neuen Zielen, nach meinen wahren Werten.

Mein siebenunddreißigster Geburtstag

Inzwischen war mein Umzug nach Hamburg zwei Jahre her. Ich liebte den Norden, die Ostsee. Ich lebte gern in Hamburg, genoß das vielfältige kulturelle Angebot, die neuesten Restaurants, den Stadtpark, ich war verliebt in Planten un Blomen. Wenn die Abenddämmerung hereinbrach, begannen dort die Wasser- und Lichterspiele zu klassischer Musik, der *Moldau*, beispielsweise.

Sobald der erste Knacks aus den Lautsprechern zu hören war, brachten die Wildenten rasch ihre Bürzel in Sicherheit, da sie sonst in nächster Sekunde auf einem Wasserorgelpfeiler in die Luft geschossen wären - und dieser Erfahrung bedurfte es sicherlich nur einmal pro Ente!

Einmal bescherte mir mein Jaguar einen unvergeßlichen Geburtstag in einem noblen Landhaus am Timmendorfer Strand.

Mein Freund Amin, der Perser aus dem Morgenlande, war zu Besuch. Lange schon hatte er es sich vorgenommen, endlich hatte es geklappt. Er brachte nicht nur seine Freundin Ildico, sondern gleich auch noch seine Schwester und seine Mutter mit, beide eigens aus Teheran eingeflogen.

Am Tag vor meinem 37. Geburtstag fuhren wir alle mit Tüten voller Badesachen zur Ostsee, um dort einen vergnügten Nachmittag am Strand zu verbringen. Dieser wurde herrlich lustig. So bemerkten wir erst, daß die Sonne bereits untergegangen war, als es kühler wurde. Rasch waren die Sachen zusammengepackt, und wir marschierten in unseren Badeschlappen schnurstracks zum geparkten Wagen.

Aber er wollte nicht reagieren. Er ließ uns gerade mal die Türen öffnen, das einzige, das nicht elektronisch geregelt war, tat dann aber keinen Mucks. Offensichtlich war die elektronische Wegfahrsperre etwas übereifrig gewesen.

Ähnliches war mir in den ersten Wochen der Gewöhnung aneinander schon häufiger passiert, und so hüpfte ich fröhlich um mein Luxusauto, während ich der versammelten Bademannschaft verkündete:

"Heute lassen wir uns richtig verwöhnen. Wir marschieren jetzt in mein Lieblings-Landhaus, und dort werden wir auch übernachten!"

Der Pannenservice jenes Autoherstellers, so wußte ich inzwischen, übernahm stets sämtliche Kosten im Rahmen eines solchen Zwischenfalls, da es ihnen peinlich genug war, wenn so etwas mit einer ihrer Nobelkarossen passierte.

Der kritische Blick der Empfangsdame beim Anblick unserer illustren Gesellschaft verwandelte sich nach dem Erhalt einer Kostenübernahmebestätigung in ein zuvorkommendes Lächeln. Sie gab uns eine riesige Suite, drei zusammenhängende Doppelzimmer, fast einen ganzen Haustrakt. Frisch gebadet und sauniert, ließen wir uns eines jener köstlichen Menüs auffahren. Auch ohne edle Abendgarderobe hatten wir unseren Spaß dabei...

Um Mitternacht stießen wir an, und damit begann ein wundervoller 37. Geburtstag, den ich so rasch nicht vergessen würde.

Am nächsten Vormittag nahmen wir noch ein Bad in der Ostsee und fuhren dann mit einem Ersatzwagen zum Flughafen Hamburg. Ich hatte nämlich eine kleine Überraschung vorbereitet für Amin und Ildico. Mutter und Schwester wurden rasch zu Hause abgesetzt, und wir erreichten das General Aviation Terminal fast auf die Minute pünktlich. Dort warteten bereits Monika Meuser, meine tolle Fluglehrerin, und eine viersitzige Cessna 172 auf uns. Wir nahmen Platz, die beiden hinten, Monika vorne rechts, und ich, der Pilot, vorne links.

"Ladies and Gentlemen, this is your captain speaking. Please, fasten seat-belts, stop smoking and enjoy your flight. Destination: Uetersen."

Was die beiden hinten nicht wußten: Dies war gerade mal meine zweite Flugstunde...

Monika war klasse. Beim Landeanflug plauderte sie ganz entspannt mit den beiden Passagieren, während sie im Verborgenen die erforderliche Beinarbeit leistete. Für meine Gäste mußte es so aussehen, als sei ich derjenige, der eine butterweiche Landung hinlegte.

Erst als wir das Flugzeug verließen, verkündete ich, daß dies bereits meine zweite Flugstunde war.

Es brauchte etliche Tassen Kaffee, bis die weiße Farbe aus ihren Gesichtern wich, und noch mehr guten Zuredens, um sie zu bewegen, wieder im Flugzeug Platz zu nehmen und den Weg zwischen Uetersen und Hamburg nicht zu Fuß zurückzulegen.

Wir hatten einen Riesenspaß. Dies ist wohl der schönste Geburtstag, an den ich mich erinnere.

Doch die Zeichen standen bereits wieder auf Sturm. Und wieder wollte ich sie nicht erkennen.

Ich hatte Amins Familie zum Bahnhof begleitet. Es war noch ein wenig Zeit, bevor der Zug kam. Wir saßen in einem türkischen Café, jeder vor diesem speziellen, besonders kaffeesatzträchtigen türkischen Mokka.

Ozar, Amins Schwester, blickte in die Abgründe meiner Tasse und murmelte:

"Du wirst eine lange Rutschpartie beginnen. Tiefer und tiefer wirst du fallen, noch bevor dieses Jahr zu Ende geht. Danach wird nichts mehr sein, wie es einmal war. Du wirst eine lange und schwere Zeit vor dir haben und am Ende etwas völlig Neues machen. Etwas, das dich zufrieden und glücklich macht. Die neue Frau an deiner Seite wird sein wie eine

Milchkuh, sie wird dir ihre Liebe und Wärme und Weichheit schenken, wie du sie noch nie zuvor erfahren hast."

Dann kam der Zug, wir verabschiedeten uns und gingen jeder in seine Richtung.

Ich fühlte, daß Ozar die Wahrheit gesagt hatte, aber ich wollte sie nicht wissen und verdrängte sie vorläufig. Bis die Ereignisse eintrafen, beinahe alle an einem einzigen Tag. Da gab es dann nichts mehr zu verdrängen.

Am Tag, als der DAX stürzte, am Tag, als die Staatsanwaltschaft einige eindringliche Fragen hatte, am Tag, als selbst mir Esel klar wurde, daß meine Liebste mich nach Strich und Faden betrogen hatte.

Genau an diesem Tag rief Amin an und wollte wissen, was mit mir los sei. Ozar hatte aus dem Iran angerufen und nach mir gefragt. Sie hatte von mir geträumt. In diesem Traum hatte sie mich gesehen, in Trauerkleidung bei einer Beerdigung.

Derjenige, der dort zu Grabe getragen wurde, war ich selbst...

Zufall und Synchronizität

Tja, das war schon seltsam. An meinem Dreißigsten war ich an einem Tiefpunkt angelangt und glaubte, es ginge nie mehr aufwärts. Dann, sieben Jahre später, wieder ganz, ganz oben ... sieben Jahre? Auf den Tag genau sieben Jahre!

"Wundervoll! Wundervoll!!! Wun-der-voll!"

"Ich bin die ganze Zeit schon hier, was schreist du denn so?"

"Uaaaaaah! Hast du mich erschreckt!"

"Du hast mich gerufen - und nun erschrickst du, wenn ich da bin? Wie soll ich denn das jetzt wieder verstehen? Manchmal gebt ihr Menschlein mir beinahe unlösbare Rätsel auf."

Wir setzten uns auf den goldfarbenen Teppich vorm Kamin, im Wohnzimmer diesmal. Ich liebte es, in die lodernden Kaminflammen hinein zu philosophieren. Mit Wundervoll zusammen war dies natürlich erst recht ein Vergnügen.

"Du, Wundervoll, wie ist denn das eigentlich mit diesen sieben fetten Kühen aus der Bibel?"

"Du meinst die Frauen des Sultans?"

"Nein! Da war doch was mit sieben fetten Jahren und sieben mageren Jahren, und irgend jemand hatte das geträumt, ein Prophet oder so."

"Du, ich bin nicht dein wandelndes Lexikon, wenn du zu faul bist, eine Geschichte in den Büchern nachzuschlagen, wo du doch offensichtlich sogar weißt, wo sie zu finden ist."

"Na ja, ich will ja auch nur wissen, was da dran ist. Sieben Jahre habe ich jetzt gebraucht, um mich wieder aufzurappeln, bevor alles zusammengefallen ist. Heißt das - Moment - siebenunddreißig plus sieben ist zweiundvierzig - daß es nun bis zu meinem zweiundvierzigsten Geburtstag braucht, bis ich wieder berappelt bin?"

"Vierundvierzig."

"Was?"

"Siebenunddreißig plus sieben ist vierundvierzig. Aber tröste dich, außer mir hat es keiner gemerkt."

"Und? Was ist nun dran an der Geschichte?"

"Erinnerst du dich an deine Ferien am Wörthersee? Es war zu der Zeit, als ihr den Schein "Statistik und Wahrscheinlichkeit" in den Semesterferien vorbereiten mußtet. Du warst zum ersten Mal in deinem Leben begeistert von Mathematik."

Ach ja, richtig. Ich war mit Inge, meiner Jugendliebe, und ihren Eltern dort in Urlaub - damals hieß das noch Ferien. Mann, ist das schon lange her. Stimmt, das Thema hatte mich irgendwie gepackt, es war schon eine faszinierende Angelegenheit, Wahrscheinlichkeiten exakt voraus zu berechnen. Aber wie und wo war dies in der Praxis anzuwenden? Nun, Velden hatte ein Spielcasino, und was lag da näher, als das Gelernte an einem Roulette-System zu erproben, das es mit dem vorhandenen Wissen zu entwickeln galt.

"Ja, der Zufall ist schon ein zuverlässiger und berechenbarer Kumpel. Das weiß ich seit damals. Ich bin tatsächlich ins Casino gegangen, so vier oder fünf Mal, und jedes Mal wieder mit ein paar Hundertern mehr herausgekommen, als ich hineinging."

"Schilling?"

"Ja, aber trotzdem..."

"Na, dann gib mir mal Nachhilfe. Wie hast du das geschafft?" Da war sie wieder: Wundervolls typische Fragezeichenaugenbraue!

Recht stolz räkelte ich mich auf dem Teppich zurecht, verschränkte die Hände im Nacken und starrte an die Decke, die für mein inneres Auge zur Kinoleinwand wurde, während ich begann zu erzählen.

"Sieh mal, eine Münze beispielsweise, ohne Unwucht, exakt geschliffen...", ich angelte ein Fünfmarkstück aus meiner linken Hosentasche, "...die ich jetzt in die Luft werfe, die zeigt entweder Adler oder Zahl, und das mit einer jeweils fünfzigprozentigen Wahrscheinlichkeit. Die Statistiker sprechen von einer Wahrscheinlichkeit von 0,5.

Ein Ereignis hat immer eine Wahrscheinlichkeit zwischen 0 und 1. Der Vorteil daran ist, daß man dadurch Wahrscheinlichkeiten einfach multiplizieren kann und als Ergebnis die neue Wahrscheinlichkeit mehrerer zusammenhängender Ereignisse erhält."

"Bis jetzt nichts Neues."

"Hab ich ja auch nicht behauptet. Kommt jetzt zum Beispiel Adler, dann ist die Wahrscheinlichkeit, daß beim nächsten Wurf wieder Adler kommt, eben ein Viertel."

"Warum nicht auch nullkommafünf?"

"Isoliert betrachtet, ist die Wahrscheinlichkeit natürlich nullkommafünf. Daß zweimal hintereinander dasselbe, fünfzig Prozent wahrscheinliche Ereignis stattfindet, das ist eben nur noch zu Faktor 0,5 x 0,5 = 0,25 wahrscheinlich. Daß nun der Adler dreimal hintereinander kommt..."

"... ist dann in einem Achtel der Fälle gegeben, also 0,25 x 0,5 = 0,125..."

"... und du kannst dies auch ausprobieren, Wundervoll. Wenn du zum Beispiel achttausendmal die Münze wirfst und eine Strichliste machst, welche Kombinationen vorkommen, so wird bei achttausend Versuchen bereits ziemlich genau eintausend Mal eine Dreierreihe Adler dabeisein."

Wundervoll nahm einen Zettel, einen Stift und die Münze, warf diese achttausendMal, betrachtete die Strichliste und sagte:

"Stimmt."

Die Münze lag rotglühend auf dem Kaminsims.

"Die beinahe gleiche Wahrscheinlichkeit findest du im Spielcasino vor, beim Roulette, einfache Chance. Rouge et noir, par example. Ou Pair et impair. Bleiben wir bei rot und schwarz. Angenommen, dreimal hintereinander kommt nun schwarz. Die Wahrscheinlichkeit wird immer kleiner, daß beim nächsten Mal wieder schwarz kommt: 1/16, 1/32, 1/64, 1/128, 1/256, 1/512, 1/1024..."

"Daß zehnmal hintereinander schwarz kommt, passiert also alle 1024 Würfe einmal."

"Richtig. Jetzt brauche ich lediglich mit jedem Mal, das ich verliere, die bisher verlorenen Einsätze nachzusetzen, plus zusätzlich einen Mindesteinsatz pro Spiel."

"Dann hast du also mit jedem Spiel einen Mindesteinsatz gewonnen."

"Siehst du, und wenn du jetzt noch ermittelst, wie lange ein Spiel dauert - der Zeitraum zwischen "faites vos jeux" und "rien ne va plus" plus Kugelrollzeit - dann kannst du dir bei meinem System sogar so ziemlich genau deinen Stundenlohn ausrechnen. Sagen wir mal, fünf Minuten pro Spiel, sind zwölf in der Stunde, mal fünf Mark, ist ein Stundenlohn von sechzig Mark. Nichts Berauschendes also, aber immerhin. Du kannst damit natürlich keine Bank sprengen, du verlierst aber auch nicht die letzte Unterhose dabei."

"Nette, kleine Semesterarbeit. Zumindest mit einem unverkennbaren Grundnutzen..."

"Ja, und selbst wenn mich der Zehnerbandwurm mal erwischt, wird der Verlust unter gewissen Voraussetzungen von den Gewinnen mehr als kompensiert. Du kannst es ja mal ausprobieren!"

"Nein, danke, ich glaube dir. Ich hab noch Blasen von den letzten achttausend Würfen. Und was ist nun Zufall?"

"Wie ich eingangs schon erwähnte, ist der Zufall ein äußerst zuverlässiger und genau berechenbarer Kumpel."

"Gut. Und inwieweit beeinflußt der Zufall dein Leben? Hast du darüber mal nachgedacht?"

Das Telefon begann zu klingeln.

"Jeden Tag treffe ich unzählige Entscheidungen, große und kleine. Immer wieder stehe ich an Weggabelungen und kann entscheiden: links oder rechts. Bits oder Bytes. Strom fließt oder Strom fließt nicht."

Das Telefon läutete weiter.

"Die großen Entscheidungen beeinflussen mein Leben in großem Maße, die kleinen beeinflussen mein Leben minimal, aber in der Summe eben doch. Ob ich jetzt das Telefon abnehme oder nicht, beispielsweise..."

Es hatte inzwischen aufgehört zu läuten.

Wundervoll schmunzelte.

"Ja, genau. Betrachten wir doch mal dieses Ereignis mit dem Telefon. Da ich dies von langer Hand eingefädelt habe, kann ich dir genau sagen, wer dran gewesen wäre am anderen Ende der Leitung, mein Freund."

"Und? Wer?"

"Nun, es war an der Zeit, daß eine junge Dame sich verwählt. *Hättest* du abgenommen, *hätte* sich in kurzer Zeit ein Gespräch entwickelt und ihr *hättet* euch so sympathisch gefunden, daß ihr euch zum Essen verabredet *hättet*. Dabei wäre es nicht geblieben, und sie *hätte* dir drei Kinder geboren. Du *hättest* nur noch Bücher geschrieben und dich um deine Kinder gekümmert, da sie die Universalerbin eines Mega-Millionenvermögens ist. Eines der Kinder, der Jüngste, *hätte* Physik studiert. Er *hätte* später eine bahnbrechende, weltverändernde Entdeckung gemacht, die..."

"Es reicht!" Ich hielt mir die Ohren zu. "Ich will nichts mehr hören!!!"

"Bist du sicher? *Den* Wunsch kann ich dir sofort erfüllen... Wo waren wir stehen geblieben?"

"Daß... ja, daß die kleinen Entscheidungen das Leben auch beeinflussen können, aber eben nur minimal..."

"Ach ja, richtig."

"Na ja, und so läuft das dann jeden Tag ab. Ich stehe mit einer Wahrscheinlichkeit nahe "1" auf und starte in den Tag hinein, um am Abend mit einer Restwahrscheinlichkeit nahe "0" irgendwo angekommen zu sein."

"Und wie ist das nun mit schicksalhaften Begegnungen? Irgendwelche Menschen, die sich durch irgendwelche geheimnisvollen Zufälle genau im richtigen Moment begegnen? Erkläre mir das doch einmal, mein Freund."

Wundervoll lehnte sich entspannt an das gelbe Sofa und lächelte mir aufmunternd zu.

"Kannst du mir nicht... kannst du mir nicht ihre Telefonnummer geben? Ich meine, *ausnahmsweise...*"

"Bitte rufen Sie die Auskunft an...."

"Ach, Wundervoll, *bitte*!"

"Tut mir leid, Uwe, aber gewisse Chancen klopfen nur einmal an die Tür. Und die hat jetzt eben schon geklopft. Das ist wie mit diesen Startfenstern bei der NASA. Immer, wenn eine Apollo bereit war, zum Mond zu starten, gab es einen ganz bestimmten Zeitraum, einige wenige Stunden im Monat, in denen der Start geschehen mußte, da der Mond dann gerade an der Stelle seiner Bahn war, an der die Rakete ihn treffen würde. War nun gerade in diesen paar Stunden das Wetter zum Starten nicht geeignet, so war das Fenster zu und es mußte wieder einen ganzen Monat gewartet werden, bis erneut ein Start möglich war. Ich meine, ein sinnvoller Start, der nicht ins Leere geführt hätte. Junge, war das jedesmal ein Applaus, wenn wir eines der Dinger richtig ins Ziel gesetzt hatten."

"Ja, 1969, da saß ich frühmorgens schon mit glühenden Ohren als Achtjähriger vor dem Schwarzweißfernseher mit Andreas Metzger, dem Sohn unseres Bürgermeisters, denn wir hatten damals noch keinen Fernseher. Wir verfolgten gebannt, wie Louis Armstrong als erster Mensch seinen Fuß auf den Mond setzte... das war ein großer Moment und ein großer Mann..."

"... der dir gleich den Marsch blasen würde, wenn er hörte, wohin du ihn verfrachtest! Der, den du meinst, heißt Neil, der andere ist black, macht klasse Musik, war aber ganz bestimmt noch nie auf dem Mond!"

"Ok, ok... ich war gerade mal acht, damals... außerdem war es ein Schwarz-Weiß-Fernseher..."

"Nun lenk nicht ab, Uwe. Stichwort: Schicksalhafte Begegnungen. Ich höre?"

"Ja, ok, da fällt mir... da fällt mir die Geschichte ein von Rainer Zech, Professor für Philosophie an der Uni Hannover, und wie wir uns begegneten. Das war im Speisewagen eines ICE. Der Zug selbst war voll, und ich hatte den vorletzten Platz im Speisewagen ergattert. In diesem Moment, es war um die Mittagszeit, bewegte ich mich mit einer Tagesrestwahrscheinlichkeit von etwa 0,76 in diesem Zug."

"Wie meinst du das eigentlich - das mit deiner Tagesrestwahrscheinlichkeit? Das steht nämlich in keinem Statistikbuch. Und ich kenne da so ziemlich alle."

"Na ja, angenommen, es ist Dienstag, und ich habe einen ganz bestimmten Terminplan, meinen Tagesablauf. Ich habe um 14:00 Uhr einen Termin in Hannover, der voraussichtlich vier Stunden dauert, und ich reise mit dem Zug. Jede Stunde fährt ein Zug. Nun ist die Wahrscheinlichkeit, daß ich am Vormittag den geplanten Zug erreiche, recht hoch, aber halt doch nur 80 Prozent. Die restlichen 20 Prozent sind Stau oder gehen auf das Konto von irgendwelchen Zeitwirbelstürmen in Bahnhofsbuchhandlungen.

Wenn ich nun mit einer 20 prozentigen Wahrscheinlichkeit den Zug eine Stunde später erwische, dann verschiebt sich mein Termin um eine Stunde. Auch den Zug auf dem Rückweg erreiche ich nur dann mit lediglich einer Stunde Verspätung, wenn mir nicht weitere Zeitwirbelstürme einen Strich durch die Rechnung machen."

"Interessante Theorie."

"Deshalb war die Wahrscheinlichkeit, daß ich mich wie geplant an genau diesem Tag zu genau dieser Stunde in genau diesem Zug aufhielt, eben nur noch 76 Prozent."

"So, so."

"Ebenso erging es Rainer Zech, der sich mit seiner individuellen Tagesrestwahrscheinlichkeit von etwa 59 Prozent im Platz mir gegenüber niederließ. Eine 44,84 prozentige Wahrscheinlichkeit hatte uns an diesem Tag zusammengeführt.

Jetzt gab es zwei Möglichkeiten: Entweder redeten wir - oder redeten wir nicht. Und wir redeten. So gab ein Thema das andere, wir entdeckten einige gemeinsame Berührungspunkte und Interessen und beschlossen am Ende der Reise, den Kontakt weiter zu pflegen und etwas daraus zu machen.

"Aha. Was also hat euch zusammengeführt? Schicksal? Bestimmung?"

"Nein. Eine gemeinsame Tagesrestwahrscheinlichkeit von 44,84% und die Bereitschaft, miteinander zu plaudern."

"Siehst du, nicht der Zufall lenkt dein Leben, sondern er führt dir Möglichkeiten zu, und wenn du deine Ziele klar im Kopf hast, dann kannst du diejenigen Möglichkeiten, die dich eher an deine Ziele bringen, von allen anderen unterscheiden. Und sie ergreifen. Das ist alles."

"So einfach ist das?"

"So einfach ist das."

"Wieso ist das eigentlich so im Leben? Ich muß noch einmal auf die Sieben zurückkommen. Die fetten Kühe und so. Nach den Gesetzen der Wahrscheinlichkeit müßten sich doch Glück und Pech so ziemlich gleichmäßig verteilen im Leben. Das tun sie aber nicht. Das gibt dann immer eine sogenannte Gauß'sche Gockelkurve..."

"Glockenkurve!"

"... so eine Kurve halt, wo immer alles auf einmal passiert. Haste Pech, dann aber knüppeldicke und in jedem Bereich. Umgekehrt natürlich gibt es Zeiten, da läuft einem - wie man dort sagen würde, wo ich herkomme - der Rotz de Backe nuff, und alles, aber auch wirklich alles gelingt mit minimalem Aufwand. Wieso gibt es diese Anomalie, diese Häufungen? Wieso ist das so? Mal ganz abgesehen davon, daß das Leben sonst ein langweiliger, grauer Einheitsbrei wäre."

"Nun, das ist dann die Synchronizität."

"Ah - ja?"

"Ja."

Donald Duck und Gustav Gans

So war das also. Irgendwie war alles nach den Gesetzen der Wahrscheinlichkeit verteilt, und irgendwie auch wieder nicht.

Ich mußte wieder an Velden denken, an meine Besuche im Spielcasino. Wenn ich einen Chip am Spieltisch gewann, dann kam der ja von irgendwo her, in der Regel von meinem Nachbarn. Demjenigen, der zehn Mark auf rot, während ich zehn Mark auf schwarz gesetzt hatte. Des einen Freud, des andern Leid. Des einen Glück, des andern Pech. So also lief das ab.

Ich bin sicher, daß ein gewisser Donald Duck aus Entenhausen in seinem inzwischen fünfzigjährigen Entendasein bestimmt exakt gleichviel Hundert-Taler-Scheine verloren wie ein gewisser Gustav Gans ebensolche gefunden hat.

Das gesamte Universum, ein gigantisches Nullsummenspiel.

Solange sich Glück und Pech innerhalb des Lebens *eines* Individuums - sei dies nun Ente oder Mensch - die Waage halten, ist das ja in Ordnung, das mit dem Nullsummenspiel.

Nur manchmal, da habe ich den Eindruck, daß Glück und Pech sich gleichmäßig auf *zwei* Individuen verteilen, der eine hat das Glück gepachtet, der andere das Pech. Die Formel geht noch immer auf, die mit dem Nullsummenspiel, aber erklären Sie das mal dem Pechvogel.

Die Wahrscheinlichkeit, mit *einem* Kästchen den berühmten Sechser im Lotto zu machen, ist so ziemlich genau eins zu 13 Millionen. Jemand hat zur Veranschaulichung mal folgendes ausgerechnet:

Der gesamte Stuttgarter Marktplatz wird mit Fünfmarkstücken gepflastert. Das wären so ziemlich genau 13 Millionen, die da Platz hätten. So. Und eines der Fünfmarkstücke wäre an der Unterseite gekennzeichnet. Eines dürfen Sie nun umdrehen. Wenn Sie das mit dem Bleistiftkreuzchen erwischen, sollten Sie langsam mal darüber nachdenken, Lotto zu spielen...

Eins zu 13 Millionen. Total unwahrscheinlich. Aber das erzählen sie jetzt jenem Gustav Gans, der Montags auf der Titelseite der Bildzeitung steht, weil er soeben den Jackpot geknackt hat. Erzählen sie ihm die Geschichte mit den Fünfmarkstücken und daß das gar nicht funktionieren *kann*. Er wird nur ein mitleidiges Lächeln für sie übrig haben.

Unwahrscheinlichkeiten, Millionen, Lichtjahre, Dimensionen - da fiel mir die Geschichte wieder ein, wie ich eines nachts zusammen mit Amin völlig unerwartet eine Nachhilfestunde erteilt bekam über kosmische Dimensionen, im Niemandsland zwischen den Sendepausen, und wie wir dort die Space Night entdeckten.

Space Night

Amin und ich entdeckten die Space Night eines Abends irgendwo zwischen den Kanälen, am Sendeschluß des Bayerischen Fernsehens. Bayern 3 hatte wohl die Rechte erworben, sämtliche Raumaufnahmen der ESA und NASA aufzubereiten und zu senden.

Diese Aufbereitung hatte es in sich. Man sah traumhafte Aufnahmen unseres blauen Planeten zu klassischer Klaviermusik. Dann, nach einigen Minuten des Schwebens und Schwelgens, plötzlich das pralle Leben, Las Vegas beispielsweise, mit entsprechender Popmusik dazu.

Schweben und schwelgen...

...die Abholzung der Regenwälder und wie Riesenflöße aus Baumstämmen über die Flüsse geschippert wurden...

...schweben, schwelgen...

...wunderschöne, saftige Graslandschaften in England und Elton John dazu: "I was made in England"...

Oder: Interviews mit Astronauten, mit Leuten, die alle schon einmal oben waren, die meisten mehrmals. Was sie alle einheitlich berichten, wie sie denken und sprechen, ihre Einstellung ist wirklich einmalig.

Einer meinte, jeder Mensch müsse die Gelegenheit haben, unseren Planeten einmal - und wenn auch nur für wenige Sekunden - von dort oben zu sehen. Dann würden sich viele der unnötigen Probleme dieser Welt in nichts auflösen.

Ein anderer sagte, er sei vor zehn Jahren schon einmal da oben gewesen, und dieses Mal habe er den Eindruck gewonnen, daß unser Planet bereits ein wenig blasser, ein wenig grauer geworden sei.

Wieder ein anderer berichtete, zu Beginn einer Space-Shuttle-Mission versuche zunächst jeder, seine Stadt zu entdecken, und dann deute er darauf. Nach einigen Tagen deute jeder nur noch auf sein Land, nach einer Woche deuten alle nur noch auf den ganzen Planeten, unsere gemeinsame Erde.

Die Sendung ist inzwischen Kult. Ich brauche wohl nicht weiter darüber zu berichten.

Wohl aber möchte ich von einem Beitrag erzählen, von einem Film, den wir das erste Mal sahen an jenem Abend, als wir die Space Night entdeckten: "Ten times ten" - Zehn hoch Zehn.

Der Film beginnt mit einem Picknick am Michigansee. Man sieht einen Mann auf einer Decke liegen. Um ihn herum ist ein Quadrat eingeblendet. Das Quadrat hat eine Seitenlänge von einem Meter.

Mit jeder Sekunde wird der Ausschnitt kleiner, jede Sekunde kommt eine Zehnerpotenz hinzu, also zehn Meter Seitenlänge, jetzt hundert, dann tausend. Wir sehen den Michigansee, die Erde, bald schon braucht das Licht bereits eine Sekunde, um das Quadrat zu durchqueren, jetzt zehn, und schon messen wir die Seitenlängen in Lichtjahren.

"Wir erreichen jetzt die Grenze unseres Wahrnehmungsvermögens und halten für einen Moment inne", hörten wir den Sprecher sagen, während der Film anhielt.

"Das Picknick ist immer noch in der Mitte des Bildes!" Wir saßen da mit offenem Mund.

Im Zeitraffer lief der Film rückwärts zum Ausgangspunkt, dem Picknick am Michigansee.

Der Mensch... ist er das Maß aller Dinge?

Einfach wundervoll.

Wundervoll!

Schönheit der Welten - ein kleiner Ausflug in den Weltraum

Ein wenig grauer geworden war er also in den letzten zehn Jahren, unser blauer Planet. Verdammt noch mal, da war was dran! Wenn ich zurückdachte an die Tage der Kindheit, schien in der Erinnerung alles ein wenig strahlender, farbiger, kräftiger gewesen zu sein. Ja, es schien mir beinahe, als ob sich mit zunehmendem Alter eine Art Schleier über unsere Wahrnehmung legen würde. Lag dies nun an der Verschmutzung unserer äußeren Umwelt oder auch daran, daß unsere Gedanken ein wenig träger und trüber wurden, von Herbst zu Herbst, von Winter zu Winter, die den Sommern unserer Kindheit folgten?

Ich erinnerte mich an die Zeiten, da ich als Kind in Höhlen stöberte und den einsturzgefährdeten Stollen am Sägewerk zum Hauptquartier der Bunker-Bande erklärte. Dorthin entführten wir manch armen Tropf gegnerischer Agentenbanden mit verbundenen Augen, um ihm im Zentrum des Stollens, bei absoluter Finsternis, die Augenbinde abzunehmen und ihm die tiefsten Staatsgeheimnisse zu entlocken. Zum Beispiel Zeit und Ort geheimer Rauchertreffs.

Wie wir, bis an die Zähne bewaffnet aus Vaters Jägerschrank, heiße Kämpfe fochten auf der Eselsweide, mit Schreckschuß und Kanonenschlag die Mutigsten in die Flucht und mit Bleikugelschleudern die Stärksten in die Deckung zwangen, um Tage darauf dem Gemeindeblatt zu entnehmen, daß zwei oder drei Esel im Dorf aus unerfindlichen Gründen einer Bleivergiftung erlegen waren.

Inzwischen war es eine wunderschöne, sternenklare Nacht geworden. Eine jener Nächte, in denen ich als Kind bereits so oft staunend zum Himmel geschaut hatte.

Heute wurde die Spannung durch ein kosmisches Ereignis noch gesteigert: ein Komet sollte unglaublich nah am Planeten Erde vorbeiziehen.

Dies war nicht der erste Komet, den ich in meinem Leben gesehen hatte, aber das Besondere war, daß ich zum ersten Mal bei einem solchen Ereignis ein eigenes Fernrohr besaß.

Da der Himmel über Hamburg noch ein wenig klarer als sonstwo in Deutschland ist - zumindest bildete ich mir ein, daß ich mir dies nicht einbildete - traf ich den Kometen auch auf meinen Spaziergängen. Abend für Abend kam er näher, war bald mit bloßem Auge zu sehen und war tatsächlich größer als jedes andere Himmelsobjekt, als er der Erde am nächsten stand.

Es waren dennoch einige Millionen Kilometer Abstand, in denen er an unserem blauen Planeten vorbeizog, ohne ihm auch nur eine Schramme zuzufügen. Und doch so nah! Die kosmischen Dimensionen wurden mir wieder bewußt.

Nun also saß ich in Hamburg auf meiner Terrasse hinter meinem Spiegelteleskop und schaute hinauf in die unendliche Himmelslandschaft, tauchte hinab in dieses faszinierende Weltenmeer und versank in den Tiefen des kosmischen Ozeans. Der Komet war zum Greifen nah! Begeistert wie ein Kind zu Weihnachten kniete ich mit glühenden Ohren auf der nächtlichen Terrasse und bemerkte dabei nicht, wie kalt es war.

Da spürte ich eine Hand an meiner rechten Schulter, ich sah einen Zeigefinger aus einem weißen Ärmel in den Nachthimmel emporsteigen, der deutete auf eine bestimmte Stelle in diesem Firmament, und ich hörte die inzwischen so vertraute Stimme:

"Richte dein Teleskop einmal auf diesen Punkt. Es ist der mittlere Stern im Schwert des Sternbilds Orion. Schau einfach mal drauf."

Ich erblickte fasziniert den neuen, kreisrunden Bildausschnitt. Nun konnte ich erkennen, daß dieser mittlere Stern wohl aus... sieben Sternen bestand.

"Das, was du hier siehst, ist kein Stern, sind auch keine sieben Sterne, das ist der sogenannte Orion-Nebel. Ein Nebel aus Sternenstaub, der sich formiert, um langsam neue Sterne zu bilden. Im Moment besteht er größtenteils noch aus Partikeln, die gerade mal einen hundertstel Millimeter stark sind, damit aber bereits hundert mal dicker als der Sternenstaub in den benachbarten Galaxien."

"*Faszinierend*, würde Mr. Spock jetzt sagen!"

"Ja, faszinierend waren die Sternenbilder schon seit Menschengedenken für die großen Kulturen. Stell doch dein Fernrohr einmal um auf die kleinstmögliche Vergrößerung und behalte denselben Bildausschnitt im Auge."

Rasch war das Okular ausgewechselt. Der mittlere Punkt im Schwert schien wieder ein Stern geworden zu sein, und ich betrachtete nun das gesamte Sternbild des Orion.

"Siehst du den Gürtel, die drei Sterne, von denen einer leicht versetzt ist? Die Pyramiden von Gizeh sind in exakt derselben Weise, im selben Abstand angeordnet. Dort, wo du Kopf und Schulter siehst, stehen weitere drei Pyramiden, an den Knien ebenfalls. Und exakt dort, wo du die Milchstraße siehst, auf deiner `Sternenkarte von Ägypten`, da fließt der Nil."

"Unglaublich, über welches Wissen die alten Ägypter verfügten!"

"Hast du eigentlich schon von Goldilock gehört?"

"Goldilock und die drei... Bären?"

"Ja, sie standen sicher Pate. Goldilock ist das erste von euch Menschlein entdeckte Planetensystem, in dem ihr einen Planeten mit erdähnlichen Bedingungen nachweisen konntet. Das ist noch gar nicht so lange her. Der Entdecker, ein ebenso abgedrehter wie liebenswürdiger Professor, genoß wohl gerade die Privilegien der Vaterfreuden. Zu denen gehörte offensichtlich auch das Gutenachtgeschichten-Vorlesen, und weil er diesem Planeten nach alter Entdeckermanier einen Namen geben durfte, kam eben Goldilock dabei heraus."

"Und? Wie sieht es aus auf Goldilock?"

"Schau doch in dein Fernrohr hinein. Ich habe es schon ausgerichtet."

Ich ahnte natürlich, daß das, was ich jetzt sah, mal wieder nicht so ganz mit rechten Dingen zuging, mit der handelsüblichen Vergrößerung nicht hinzubiegen war. Aber in dem Moment war es einfach nur schön.

Ein Planet, der in ein goldenes Orange gehüllt war, seine Atmosphäre - so, wie unsere blau ist - war goldbraun. Ich sah Berge und Seen, ja, Wasser gab es dort auch, aber alles war irgendwie golden, warm und märchenhaft!

Die Lebewesen, die ich sehen konnte, erinnerten mich zunächst einmal an Schmetterlinge, Riesenschmetterlinge in allen schillernden Farben.

Das schönste, das allerschönste Bild, das ich immer in Erinnerung behalten werde, das war ein riesiger Regenbogen, eine riesige Brücke in der Luft, die diese Schmetterlinge aus purer Freude am Leben entstehen und wieder zerspringen ließen, in tausend bunten Funken, wie ein Diamantfeuerwerk, entstehen und wieder zerspringen.

Es gab noch andere Wesen, Elfen gleich, zarte, filigrane Mädchenwesen mit Libellenflügelchen. Ich konnte beinahe das Lachen klirren hören. Goldener Sternenstaub säumte ihre Flugbahn wie ein Kondensstreifen und stand lange noch, golden und leuchtend, in Pirouetten, in Kreisen und Schleifen am Himmel.

Als ich nach endloser Zeit den Blick wieder lösen konnte, brauchte es eine halbe Stunde, bis ich die Welt um mich herum wieder wahrnehmen konnte und den Nachthimmel über Hamburg sah.

Schließlich sagte ich: "Wieder einmal hast du mir meine Frage beantwortet, noch bevor ich sie stellen konnte."

"Wie wäre sie denn gewesen, deine Frage?" tat Wundervoll neugierig.

"Na ja, ob es... ob es noch Leben gibt, dort draußen, in den unendlichen Weiten dieses schwarzen und kalten Ozeans."

"Außer euch Menschlein, meinst du? Nun, jede erdenkliche Variation und Spielart, die ihr euch nur vorstellen könnt - und tausend mal tausend mal "x" mal mehr!"

"Und wie groß ist "x"?"

"Verrat ich nicht!"

"..."

"."

Schaufenster in die Zukunft

So schön es auch war, in fernen Welten zu schweben und zu schwelgen, oder die eigenen Probleme einmal aus einer globalen Perspektive betrachtet auf Ameisengröße schrumpfen zu lassen, sie blieben so lange präsent, bis man sie entweder ergriff - oder von ihnen selbst ergriffen wurde.

Nach allem, das mir widerfahren war, wunderte es mich daher nicht, daß nun aus Stuttgart die Nachricht kam, die monatlichen Zahlungen aus meiner kleinen Softwarevertriebsfirma würden künftig ausbleiben. Sie hatten bisher immer dafür gesorgt, daß der Kühlschrank voll und die Miete bezahlt war. Es gab wohl einiges zu regeln, und dies mußte vor Ort geschehen, in Stuttgart. Auf jeden Fall waren meine Tage hier in Hamburg nun endgültig gezählt, denn die nächste Miete würde ich nicht mehr bezahlen können.

Nun war also auch das letzte Ereignis eingetreten, vor dem ich mich gefürchtet hatte. Nach meinem Mädchen, meinem Vermögen, meinem Fahrzeug, sämtlichen Fahr- und Flugerlaubnissen hatte ich jetzt auch noch mein Heim und mein festes Einkommen verloren.

Da saß ich nun wie ein begossener Pudel allein in meinem Wintergarten, diesmal selbst im blauen Ledersessel, und hatte keine Zukunft mehr, die sich mir zeigen wollte.

Aus, vorbei, Endstation.

Irgendwie hatte ich dies befürchtet...

"...herbeibefürchtet, wolltest du sicher sagen?!"

Da stand mein wundervoller Lehrer, irgendwie schien er größer heute und strahlender, und lächelte mich milde an.

Jetzt begann ich mich zu schämen, hatte er mich doch die letzten Tage und Wochen geduldig durch mein Leben geleitet, war stets an meiner Seite gewesen, um mir die großen und kleinen Geheimnisse des Kosmos zu entschleiern, und war dabei niemals müde geworden.

Und es begann mir leid zu tun, daß ich bereits wieder begonnen hatte, mir leid zu tun.

"Na, nun siehst du es wenigstens ein, daß du der einzige bist, der dir Leid getan hat, nur du selbst und du allein..."

"Ja, schon, aber die anderen..."

"...sind nur Trabanten, die um das Zentrum eines Universums kreisen, dessen Mittelpunkt - na - wer ist?"

"Ich weiß, ich weiß."

"Wer, bitte?"

"Ich."

"Wie bitte? Ich höre so schlecht!"

"I-hich!"

"Und? Wessen Gesetzen gehorchen die Trabanten in einem Universum, dessen Schöpfer du selbst bist?"

"Meinen!"

"Und wenn jemand von dir abgestoßen wird, dann..."

"...bin ich es, der ihn abstößt, und wenn etwas von mir angezogen wird, so bin ich es, der es anzieht!"

"Was? Und das weißt du alles?? Und trotzdem ist dir das passiert??? Jetzt darfst du dir aber wirklich leid tun, und ich helfe dir dabei!"

Er stimmte ein wolfsähnliches Geheul an, wie bei Wum und Wendelin, und ich war der Wendelin und hatte eine ziemlich lange Nase dabei. Mir war nicht klar, ob ich nun lachen oder mitheulen sollte, bald jedoch wurde mir die Entscheidung abgenommen, denn ich konnte nicht mehr anders und prustete los, platzte fast vor Lachen.

Danach ging es mir besser.

Und doch: nur zu gerne hätte ich gewußt, wie mein Leben denn nun weiterginge, ließ doch meine Vorstellung diesbezüglich gerade ein wenig zu wünschen übrig.

"Nun, du wirst dahin zurückkehren, wo du hergekommen bist, an dieselbe Adresse in Stuttgart, denn deine Vermieter haben immer ein Zimmerchen für dich freigehalten!"

Ach ja, richtig! Da war doch noch eine Dachwohnung gewesen, die irgendwie als Rumpelkammer gedient hatte und daher nie vermietet war. Rosige Aussichten, aber ein Anfang, zumindest.

"Wirst du mich begleiten, Wundervoll?"

"Selbst wenn ich dies wollte, ich könnte es gar nicht, denn ein Jahr lang willst du mich weder sehen noch hören, und so wird mir nichts anderes übrigbleiben, als... nun ja, vielleicht werde ich meine Kur einreichen, du warst nämlich ganz schön anstrengend, wenn ich das so sagen darf."

"Nein, Wundervoll! Das kann nicht sein! Ich will... will..."

"... willst mir meine Kur nicht gönnen? Danke!"

"So hab ich das nicht gemeint, Wundervoll. Es ist nur... ach, ich wüßte so gern, wie es weitergeht! Kannst du mir nicht... kannst du nicht ein bißchen noch..."

"Willst du mir nicht erst einmal einen Platz anbieten? Sitzt hier einfach rum, in meinem blauen Ledersessel, in dem *ich* immer zu sitzen pflege, nach einem langen Tag..."

Erschrocken sprang ich auf. Ich hatte diesen Dejà-vu-Blitz, das Gefühl, diesen Moment schon einmal erlebt zu haben.

Wundervoll hatte einfach Platz genommen und bedeutete mir, mich doch ebenfalls zu setzen.

Im Zeitraffer neigte sich der Tag zur Nacht, es wurde dämmrig und dunkel im Wintergarten, gerade wie im Kino, wenn die Lichter heruntergedimmt werden, kurz bevor der Film beginnt.

Hinter den Scheiben des Wintergartens, wo sich normalerweise Terrasse und Garten und Teich befanden, begann eine magische Vorstellung auf verzauberter Bühne Form anzunehmen.

Ganz gebannt saß ich da.

Inzwischen hatte ich auf dem dunkelblau und weinrot gemusterten Perserteppich vor ihm Platz genommen, da der blaue Ledersessel die einzige Sitzgelegenheit in meinem Wintergarten war. Ich wußte gar nicht, wo ich mit dem Staunen anfangen sollte, begann mich jedoch gleichzeitig in die seltsame Situation einzufinden...

Nichts geschah.

Schließlich ein Räuspern:

"Das ist dein Part, Uwe. Ich bin der Gast. Laß deiner Phantasie freien Lauf, und ich sorge schon dafür, daß der Garten hinter der Scheibe zur Bühne wird. Nur Mut, ich bin ja bei dir!"

"Du meinst, ich kann das wirklich selber?"

"Nutze die Magie der Stunde und stelle deine Fragen. Wenn sie ehrlich sind, so wird schon was geschehen!"

Er lehnte sich zurück und hatte plötzlich zwei Riesenbecher Popcorn auf dem Schoß. Aufmunternd blinzelte er mich an.

Ich starrte auf die Wunderbühne meines Wintergartens. Nichts geschah. Noch einmal wandte ich mich hilfesuchend an Wundervoll.

"Weißt du überhaupt schon, was du wissen willst? Um eine Antwort zu erhalten, auf was auch immer, solltest du zunächst die Frage formulieren!"

Wundervoll schob mir einen der Popcornbecher zu. Auf diesem stand in klarer schwarzer Schrift: Wünsche.

Ich schielte auf Wundervolls Becher: Möglichkeiten. Da begann ich zu begreifen:

"Ich formuliere meine Wünsche..."

"... und ich zeige dir dann deine Möglichkeiten!"

"So einfach ist das?"

"So einfach ist das."

"Ja, dann wüßte ich gerne: Was wird mit meinem Job? Weißt du, bisher habe ich mein Geld mehr schlecht als recht mit irgendwelchen Finanzgeschäften oder Softwarekonfigurationen verdient. Aber eigentlich wünsche ich mir..."

Kaum hatte ich die letzten drei Worte ausgesprochen, bewegte sich plötzlich etwas hinter der Wintergartenscheibe. Wundervoll tat ganz erschrocken, während er meinen Blick auf die magische Bühne lenkte.

Da sah ich mich, wie ich saß und schrieb. Zunächst war ich mir nicht sicher, ob es nicht nur die Spiegelung meiner selbst im Schaufenster war; zumindest war der Uwe, der da saß und schrieb, so ziemlich in meinem Alter.

"Was schreibst du denn da?" fragte Wundervoll, während er sich mit seinen Fingern genüßlich Locken in den Bart hineinzwirbelte.

"Ein äh... ein Buch?"

"Sieh mal einer an! Wolltest du das nicht schon immer? Wie heißt es denn, dein Buch?"

"Äääähh..." Ich schwieg verlegen und errötete bis in die Haarspitzen.

"Wundervoll!" strahlte er, als hätte ich die richtige Antwort gegeben. Dabei hatte er nur ein weiteres Popcorn aus seinem Becher der Möglichkeiten gefischt.

Ich starrte wieder auf die Bühne, aber sie war leer. Aufmunternd nickte er mit seiner Kinnspitze zu meinem Becher hin. Ich fischte ein weiteres Wunschpopcorn heraus und ließ es mir auf der Zunge zergehen.

"Und wie ist das mit der..."

"... Liebe?"

"Ja."

"Jetzt ist die Zunft des Wahrsagens schon beinahe älter als die Menschheit, doch die Fragen von euch Menschlein sind doch immer noch die gleichen.

Geld oder Liebe..."

"Und?"

Wortlos deutete Wundervoll mit dem kleinen Finger seiner linken Hand auf das Schaufenster.

Ich sehe eine Trauminsel. Nicht irgendeine Insel, es ist Mallorca, jetzt kann ich es ganz deutlich erkennen. Bin ja schon oft genug drübergeflogen. Ein Mädchen sehe ich jetzt, mit langen, dunklen Haaren und schwarzen Olivenaugen. Und wir gehen Hand in Hand. Am Flughafen steht sie jetzt, erwartet mich, wir schließen uns in die Arme. Plötzlich ein Feuerwerk aus tausend bunten Funken, an der Playa, es ist Sylvester. Mit dem verglimmenden Funkenregen verblaßt auch dieses Bild.

"Ehrlich, Wundervoll? Ich krieg wieder ein Mädchen? Eine so zauberhafte Prinzessin?"

"Auch dies liegt nicht an mir. Es ist nur eine der...?" Er schob mir seinen Popcornbecher vor die Nase.

"...Möglichkeiten. Ich weiß, ich weiß. Aber was kann ich dazu tun, daß es eine sehr wahrscheinliche Möglichkeit wird? Sag doch bitte!"

"Nun, mein Junge, nach allem, was du durchlebt, teilweise zwei- und dreimal durchlaufen hast, ist nun die Zeit gekommen, daß du dich auf deine Tiefe einläßt. Geh in dich, schöpfe aus deinem Inneren die Kraft, der zu sein, der du sein willst, und folge dem Ruf deines Herzens. Wenn du dich auf deine Tiefe einläßt, wirst du dieser Frau begegnen, denn sie ist vorgesehen für dich. Wenn nicht, dann nicht..."

"Du meinst also, wenn ich mich auf meine Tiefe einlasse und darüber gar ein Buch schreibe, dann wird dieses Buch sie zu mir führen?"

Wieder hielt er mir seinen Popcornbecher vor die Nase:

Möglichkeiten.

Da begann ich zu strahlen, und in Wundervolls Augen spiegelte sich die Erkenntnis, daß ich es begriffen hatte.

Und zum ersten Mal, seit ich diesem lieben alten Mann begegnet war, sprang ich auf, schloß ihn fest in meine Arme:

"Danke!"

"Schon gut", murmelte er leise, während er verlegen einen Fussel von seinem Ärmel zupfte.

"Dies alles wird geschehen um die Zeit der Sonnenfinsternis zu deinem letzten Geburtstag in diesem Jahrtausend. Du wirst in Stuttgart sein, alles wird gut sein und du wirst dich wieder erinnern an alles, was du heute sahst. Doch nun leg dich schlafen, du siehst müde aus."

Aus seiner Stimme klang eine unendliche Milde. Ich ging zu Bett, und die Melodie seiner Güte schwang lange noch durch die Träume jener Nacht.

Die Reifeprüfung

Meine Kisten waren gepackt, und ich saß erschöpft auf einem besonders großen Umzugskarton. Zwei Wochen waren vergangen, seit ich Wundervoll in jener magischen Nacht das letzte Mal gesehen hatte. Ich war ziemlich sicher, daß ich ihn heute noch einmal treffen würde, um Abschied zu nehmen.

Gleich am nächsten Morgen hatte ich in Stuttgart angerufen. Das Zimmer war noch frei und ich willkommen. In kürzester Zeit hatte ich einen Nachmieter gefunden, kein Wunder, bei diesem schönen Haus. Nun saß ich auf meinen Kisten und Kartons und wartete auf Amin, der den 7,5-Tonner voller Nichts samt mir nach Stuttgart bringen würde.

Da stand Wundervoll plötzlich vor mir, wie ich ihn noch nie gesehen hatte. Er trug eine samtene, blauschwarz glänzende Robe. Eine goldene Brille blinkte auf seiner Nase, und ein Doktorhut zierte seinen Kopf. Beeindruckt erhob ich mich, als er hinter einen hohen Umzugskarton trat, der so zum Rednerpult wurde.

"Setzen!"

Als ich mich setzte, wurde das ganze Wohnzimmer voller Kisten und Kartons irgendwie zum Klassenzimmer. Ich saß hinter meiner Bank wie ein Schüler, dem Bleistift und Tintenfaß vertrauter sind als irgendein anderes Instrument, und lauschte gespannt.

"Heute ist dein großer Tag gekommen: die Reifeprüfung. Du wirst ausschließlich mündlich geprüft. Aber keine Angst, es kommen nur Fachbereiche dran, die wir in den letzten Wochen persönlich durchgemacht haben..."

Was für ein Trost! Wir hatten eine ganze Menge persönlich durchgemacht, in den letzten Wochen!

"Ruhe bitte!"

Er klopfte dreimal mit seinem Stab ans Pult. Es klang wie in alten Tagen...

"So, laß uns gleich zur ersten Frage kommen. Was hast du gelernt über: Gott und die Welt?"

Mist! Schon saß ich in der Tinte. Was antwortet man auf eine solche Frage?

"Ich... ich, äh... wie bitte?"

"Kleiner Scherz zur Auflockerung."

Glück gehabt. Immer diese Professorenwitze, über die kaum einer... na ja, meistens nur die Professoren lachen können. Ich saß da und schwitzte.

"Erzähl mir doch mal... erzähl mir doch mal etwas über Schicksal. Ist das Leben vorherbestimmt?"

"Na ja, einerseits schon, andererseits auch wieder nicht. Der Zufall spielt da eine große Rolle. Und die ... diese Gedankenkräfte, die ja auch irgendwelche Energien sind, wobei ja alles hier aus Energie besteht, im uns bekannten Universum. Es gibt da so einen konstanten Faktor, da kann man das irgendwie mit so einer Kugeloberfläche in Verbindung bringen, und zwar... und zwar... also mit pi hat das was zu tun... und ich glaube noch mit $E=mc^2$ ... also, das war die Sache mit dem Goldnugget und wie man umrechnen kann, wieviele Energieaufwandseinheiten..."

"Entspann dich, Uwe. Beantworte bitte einfach meine Frage. Was hast du denn gelernt im Leben über diese Dinge? Komm mir doch nicht mit Formeln. Die sind zwar manchmal auch ganz nützlich, aber..."

"Du meinst zum Beispiel die Geschichte mit dem Kaktus?"

In meinen Augen glomm der erste Hoffnungsschimmer. Vielleicht könnte ich die Reifeprüfung ja doch noch bestehen?

"Und?"

"Na ja, als Amin ausgerechnet pinkeln mußte, als der Fliegerangriff kam, das war schon ein seltsamer Zufall."

"Zufall. Soso. Und die Sache mit dem Kumuluskopf? War das auch Zufall?"

"Nein. Das war eher merkwürdig."

"Und? Was lernen wir daraus?"

"Manchmal gibt es schon seltsame Begebenheiten im Lebensfluß. Da sollte man kurz innehalten und darüber nachdenken. Manchmal, da scheint man von unabwendbaren Ereignissen ausgenommen zu werden, weil man selbst dafür nicht vorgesehen ist. Man ist zur falschen Zeit am falschen Ort, im falschen Film. Jetzt wirkt irgendeine Kraft, die verhindert, daß man in die Geschehnisse dieses Filmes hineingesogen wird..."

"Klingt wie auswendig heruntergelesen."

"So? Woher denn, bitteschön?"

"Aus deinem Buch. Wie ich dir ja schon sagte, in jener magischen Kinonacht: Du wirst bald ein Buch schreiben..."

Jetzt ging er ein wenig zu weit. Vielleicht lag es ja auch am hohen Alter, daß er manchmal ein wenig wunderlich war.

"Wundervoll, bitteschön, nicht Wunderlich! Ich mag zwar betagt sein, aber meinen Namen, an den erinnere ich mich schon noch, gerade mal so."

Uaaah! Wie konnte ich vergessen, daß Wundervoll durchaus in der Lage war, auch in noch nicht geschriebenen Büchern zu lesen!

"Zumal, wenn ich darin vorkomme", knarzte es aus der Pultecke.

Mist! Mit dem Abschreiben war es also vorbei. Netter Versuch, zumindest...

"Was also hast du gelernt über: die Zeit?"

Sofort fiel mir die Geschichte mit dem Gummiband wieder ein, aber nein, diesmal würde ich eigene Worte finden, ein eigenes Beispiel bringen. Da war ich dann schon eigen.

Mit einem "Moment, bitte..." sprang ich auf, wühlte in dieser, dann in jener Kiste und brachte bald eine weiße Sanduhr zum Vorschein. Ich hatte sie vor gar nicht all zu langer Zeit erstanden, um mir stets bewußt zu machen, daß ich eben nicht "alle Zeit der Welt" zur Verfügung habe. Seltsamerweise gibt es keine Formel, welche die Zeit beschreibt, obwohl die Zeit selbst in vielen Formeln vorkommt. Daher war ich meiner ganz sicher, diesmal mit einem Beispiel und nicht mit einer Formel aufzuwarten.

Die Sanduhr hatte für fünf Minuten Zeit im Tank, und ich stellte sie vor Wundervolls Nase auf das Pult.

"Der Sand ist mein ganzes Leben. Wenn ich hundert Jahre alt würde, dann entspräche eine Minute genau zwanzig Jahren meines Lebens. Jetzt bin ich geboren!"

Ich stellte die Uhr auf den Kopf und der Sand begann zu rinnen - unaufhaltsam. Alle drei Sekunden verschwand ein Jahr meines Lebens aus dem oberen Behälter - ich nenne ihn das Zukunftsglas - und erschien im unteren Behälter, dem Erinnerungsglas. Spannende, ungewisse, geheimnisvolle Zukunft wurde so zu zementierter, erlebter, unverrückbarer Realität, zu Erinnerung. Exakt vier Monate pro Sekunde. Jede Sekunde...

"Ok ok, Uwe. Weiter!"

"So. Im Erinnerungsbehälter ist nun Sand für genau zehn Jahre angekommen. Die nächsten zehn Jahre kommen mir in diesem Moment gigantisch vor, denn sie verdoppeln die Menge an Sand, die ich sehen kann, die bereits erlebt ist. Denn das, was im Zukunftsbehälter über mir schwebt, das kann ich nur erahnen, nicht wirklich sehen. Für mich ist die Realität der Sand, der im Erinnerungsbehälter ist."

"Weiter!"

"Und jetzt betrachten wir das Ganze mal von oben. Inzwischen ist mehr als die Hälfte in den Erinnerungsbehälter gerieselt. Dort oben scheint der Inhalt jetzt schneller und schneller zu verrinnen. Jetzt braucht es noch genau eine Minute, bis die Hälfte des Restes zerronnen ist, für die nächste Hälfte braucht es nur noch eine halbe Minute, dann eine viertel Minute..."

"Dies ist der Grund, warum die Zeit immer schneller zu vergehen scheint, je länger man sich in ihr befindet - der Sanduhreffekt?"

"Der Sanduhreffekt."

"So einfach ist das?"

"So einfach ist das."

"In Ordnung. Aber nun verrate mir doch, was du daraus gelernt hast. Du sollst doch heute Fragen beantworten, nicht in geklauten - wenn auch gut abgeleiteten – Gummibandbeispielen schwelgen."

"Glummi... Gummmiblei... Gummibandbeispielen?"

Er hatte mich ertappt, mal wieder.

"Was... was könnte ich denn noch... ich meine... antworten...?"

"Wo in der Zeit bist du dem Leben am nächsten?"

Ich starrte Wundervoll an, als hätte er gefragt, was für einen Beschleunigungsquotienten ein grüner Götterspeiseklumpen mit negativem Lenkrollradius habe. Dies muß er gesehen haben, denn plötzlich stand ...

... Wundervoll, ganz winzig jetzt, inmitten der Sanduhr und duschte sich vergnügt im Sandstrahl, der von oben herunterrieselte. Richtig drollig sah er aus, der kleine Nackedei.

"Heureka! In der Gegenwart!"

"Genau", meinte Wundervoll, der jetzt wieder in voller Größe vor mir stand, während er den Sand abschüttelte.

"Siehst du, und fast ohne Hilfestellung."

"Übrigens: Die Wunschkraft, die haben wir noch gar nicht durchgenommen!"

Im selben Moment hätte ich mir die Zunge abbeißen können.

"Ach ja! Die Wunschkraft! Erkläre mir doch mal, wo der Karton herkommt, auf dem du gerade sitzt."

"Den habe ich mir aber nicht gewünscht."

"Und woraus ist er?"

"Aus Pappe."

"Wie bitte? Brauchst du eine Pause?"

"Äh - Gedanken? Aus Gedanken!" Erfreut über meinen Geistesblitz nahm ich den Faden wieder auf.

"Zumindest könnte er nicht existieren, wenn er nicht vorher, irgendwann einmal, als Gedanke dem Kopf eines Menschen entsprungen wäre. So ist dies mit allem hier."

"Und es liegt an mir, wieviel Kraft ich meinen Gedanken verleihe. Das, womit ich mich am meisten beschäftige, das wird am wahrscheinlichsten zur Realität - ob ich es mir nun wünsche oder es befürchte. Deshalb wiederholen sich oftmals Dinge - weil meine Gedankenmuster ähnlich sind. Bis ich sie ändere..."

"Stelle dir deshalb immer wieder die Fragen:

Was will ich wirklich, und:

Warum bin ich wirklich hier?

Mache dir Gedanken! Nicht *nach*denken ist angesagt, sondern *vor*denken. Sofern du nicht möchtest, daß sich ständig alles wiederholt..."

"Was will ich wirklich? Es sind tatsächlich die Liebe und die Gesundheit, wie meine Schwester in ihrem Brief geschrieben hat. Als ich alles verloren hatte, war es die Liebe, die mir wirklich fehlte. Und mein Lachen, das mir zeitweise vergangen war..."

"Siehst du? Deshalb freue dich auf deine Zukunft!"

Nun waren wir an einem besonderen Punkt angelangt, es wurde feierlich und still. Ich wußte plötzlich: geschafft! Ich hatte es geschafft! Nun war der Zeitpunkt gekommen, meinem Meister Dank zu sagen für alles, das er mir beigebracht hatte. Als ich gerade beginnen wollte zu sprechen, hob er abwehrend seine Hand, schüttelte den Kopf und sagte:

"Keine Lorbeeren, die ich nicht verdiene!"

"Diesmal weißt du aber nicht, was ich dir sagen will. Bedanken will ich mich, für die Beantwortung all meiner Fragen, all dieser Geheimnisse in uns und um uns herum."

"Dann aber auch bei dem, der sie dir beantwortet hat, deine Fragen. "

"Ja, aber..."

In Gedanken ging ich unsere zahllosen Gespräche wieder durch. Die Sache mit dem roten Faden, zum Beispiel. Ich hörte mich sagen:

"Und jetzt erkläre mir bitte die Sache mit dem roten Faden! Wieso hat jeder Mensch seinen ganz persönlichen roten Faden?"

"Nun überleg doch mal! Das Ganze hängt mit deinem Universum zusammen. Wo befindet sich der Mittelpunkt unseres Sonnensystems?"

"Das ist jetzt aber wirklich Grundschulwissen. Unsere Sonne ist natürlich der Mittelpunkt, und die Erde kreist drumrum!"

"Drumrum. Soso. Und wo befindet sich nun der Mittelpunkt des Universums?"

Je mehr ich darüber nachdachte, desto bewußter wurde mir: Stimmt. Immer ich! Eigentlich hatte *immer ich* alle Fragen selbst beantwortet! Das war... das war... phantastisch!

Oh, Wundervoll! Du weiser, alter, lieber, toller Wundervoll!

Tränen traten in meine Augen, jetzt, da mir bewußt wurde, wie weise, unendlich weise und doch bescheiden, so unendlich bescheiden mein treuer Gefährte war, der sich nun bald für immer verabschieden würde, oder zumindest für sehr, sehr lange. Ich stand auf, Wundervoll trat zu mir, eine Rolle aus Papyrus in der Hand, die von einer goldenen Kordel zusammengehalten wurde. Er streckte sie mir entgegen, schmunzelte mich an und sagte:

"Hier, dein Reifezeugnis!"

Als ich die Rolle berührte, ließ er sie los und war im selben Augenblick verschwunden!

Da stand ich und fühlte eine große Leere in mir. Hätte so gerne noch gewußt, noch diese eine letzte Frage an ihn gerichtet: Wer bist du, Wundervoll? Wo kommst du her? Was für ein Wesen bist du?

Nun war er fort.

Ich öffnete die goldene Kordel und entrollte den Papyrus, auf dem das Ergebnis meiner Reifeprüfung zu lesen stand:

Du bist wundervoll!